J2復帰への挑戦
2年目も果たせず

さらに厳しくなる来季の戦い

明治安田生命Jリーグ3部（J3）は12月2日、全38節の2023年シーズンを終了。同カテゴリーの松本山雅FCは15勝9分け14敗で勝ち点54、最終順位は全20チーム中9位に終わり、2年目の挑戦となったJ2への昇格は果たせなかった。

松本山雅は第36節（11月18日）のYS横浜戦で0−2と惨敗。この時点で昇格は絶望的だったが、残り2試合で自動昇格圏の2位とは勝ち点5点差だったため、昇格の可能性だけは残していた。しかし第37節（11月26日）讃岐戦の勝ち点が1にとどまったため昇格が消えた。

Jリーグ参戦から12年目となる今季は、スローガンに「積小為大（せきしょうためだい）」を掲げ、シーズン初めから霜田正浩監督を指揮官に、攻守で主導権を握るスタイルを目指した。開幕6戦は無敗と好発進したが、4月の多失点2連敗で昇格圏から外れてからは10位前後を低空

最終節終了後のセレモニーであいさつする安東輝主将。左は霜田正浩監督、右は神田文之社長＝12月2日午後4時30分

■ 霜田監督 来季も続投

霜田正浩監督（56）が来季も続投することが12月2日、関係者への取材で分かった。就任1年目の今季は、昨季の4位を下回る9位に終わったが、クラブは攻守で主導権を握るスタイルの継続を重視したとみられる。

強化責任者の下條佳明スポーツダイレクターは同日までの取材に「スタイル（の構築）や選手の成長は時間がかかる。ただ、選手たちが顔を上げて前に向かっている手応えはあるので、これは継続していくしかない」と強調。霜田監督は同日の試合後の記者会見で「（今季を）どう分析して、次にどうつなげていくかは、これからやっていかなければいけない」と来季の指揮に意欲を示した。

最終節で奈良の攻撃からゴールを守る選手たち＝12月2日、サンプロアルウィン

飛行。FW小松蓮が19得点でJ3得点王となる活躍を見せながらもチーム全体の得点力不足は深刻で、昨季同様「勝負どころで勝てない」弱さが終始つきまとった。

新型コロナの制約が消え、今季はシーズン当初からスタンドの全面的な声出し応援が解禁。ホームにサポーターの熱気が戻り、ホーム観客動員数ではJ3トップを維持した。復帰へ3年目の挑戦となる来季は、J1経験クラブの大宮が参戦する一方、今季初参戦で健闘した奈良、FC大阪などもおり、昇格実現は容易ではない。Jリーグの「秋春制」導入も議論される中、チームの今後をどう展望するのか。このまま"J3の水に慣れる"ことはあってはならない。

J3の最終節を終え、ピッチを一周してあいさつする選手を迎えるサポーター＝12月2日午後4時40分、サンプロアルウィン

■神田社長「来年こそ」―スタンドの声は厳しく

神田文之社長は12月2日の最終節終了後のセレモニーで「今年も期待に応えることができませんでした。申し訳なく思っています」と、2年続けてJ2昇格を逃した結果を陳謝。スタンドからのブーイングを浴びながら「松本の誇りを失わず、もう一回応援してもらえるように。来年こそ結果を出せるよう努力していきます」とあいさつした。

最終節の入場者数は7022人で、今季平均を1000人以上下回った。主将の安東輝もマイクの前に立ち「この胸の痛みを忘れず、来年それを力に変えて、必ず皆さんを納得させられる結果を出します」と強調した。

選手紹介

①生年月日
②出身地
③身長cm／体重kg
④通算在籍年数
⑤前所属（期限付き移籍、
　一部現所属含む）

Kaiga MURAKOSHI

村越凱光 MF 29

①2001/10/7 ②神奈川県 ③167/64
④4 ⑤青森

Yusuke KIKUI

菊井悠介 MF 15

①1999/9/17 ②大阪府 ③173/73
④2 ⑤流通経済大

Ren KOMATSU

小松蓮 FW 19

①1998/9/10 ②東京都 ③183/77
④3 ⑤山口

So FUJITANI

藤谷壮 DF 48

①1997/10/28 ②兵庫県 ③178/67
④新 ⑤北九州

Masato TOKIDA

常田克人 DF 43

①1997/11/27 ②埼玉県 ③187/82
④4 ⑤仙台

野々村鷹人 DF 44

Takato NONOMURA

①1998/5/13 ②滋賀県 ③183/78
④3 ⑤流通経済大

監督　Masahiro SHIMODA

霜田正浩

都立高島高を卒業後、ブラジルへのサッカー留
学を経て日本リーグのフジタ（現J1湘南）など
でプレー。現役引退後はFC東京の強化担当や
千葉のコーチなどを歴任。2009年から日本
サッカー協会の技術委員として代表強化を担当
し、14～16年は技術委員長。18年からJ2山
口を3シーズン率い、21年6月から昨季途中ま
でJ2大宮を指揮した。東京都出身、56歳。

スタッフ

コーチ	早川知伸（新）
	坪井健太郎（新）
	武石康平（新）
GKコーチ	吉本哲朗（新）
フィジカルコーチ	國保塁（新）
ドクター	百瀬能成
チーフトレーナー	井上浩司
トレーナー	千葉千里
	杉内文也
ポルトガル語通訳	フェリペ
主務	白木誠
副務	平林和昌
	丸山雄大
	谷口滉弥

4

Shusuke YONEHARA

米原秀亮 MF 32

①1998/4/20 ②熊本県 ③184/72 ④5 ⑤甲府

Reo YASUNAGA

安永玲央 MF 46

①2000/11/19 ②東京都 ③177/72 ④新 ⑤水戸

Yuta TAKI

滝裕太 MF 23

①1999/8/29 ②静岡県 ③168/64 ④新 ⑤清水

Yota SHIMOKAWA

下川陽太 MF 8

①1995/9/7 ②大阪府 ③178/70 ④4 ⑤金沢

Ryuhei YAMAMOTO

山本龍平 DF 41

①2000/7/16 ②三重県 ③172/64 ④4 ⑤長野

Sho SUMIDA

住田将 MF 36

①1999/8/19 ②愛知県 ③181/73 ④2 ⑤東京学芸大

PAULINHO

パウリーニョ MF 14

①1989/1/26 ②ブラジル ③177/79 ④6 ⑤岡山

Tomohiko MURAYAMA

村山智彦 GK 16

①1987/8/22 ②千葉県 ③184/78 ④10 ⑤湘南

Kunitomo SUZUKI

鈴木国友 FW **9**

①1995/7/3 ②神奈川県 ③186/77 ④2 ⑤群馬

Leon NOZAWA

野澤零温 FW **18**

①2003/7/21 ②東京都 ③174/70 ④新 ⑤FC東京

Itsuki ENOMOTO

榎本 樹 FW **25**

①2000/6/4 ②埼玉県 ③186/73 ④5 ⑤群馬

Kazuma YAMAGUCHI

山口一真 MF **6**

①1996/1/17 ②東京都 ③175/70 ④2 ⑤町田

Kazuma WATANABE

渡邉千真 FW **49**

①1986/8/10 ②長崎県 ③182/79 ④新 ⑤横浜FC

Taiki MIYABE

宮部大己 DF **2**

①1998/10/16 ②東京都 ③178/70 ④3 ⑤法政大

Yuya HASHIUCHI

橋内優也 DF **13**

①1987/7/13 ②滋賀県 ③175/72 ④7 ⑤徳島

VICTOR

ビクトル GK **21**

①1989/4/21 ②スペイン ③191/85 ④2 ⑤山形

Sora TANAKA

田中想来 FW**42**

①2004/11/11 ②宮田村 ③174/71
④新 ⑤松本山雅U-18

Daiki HIGUCHI

樋口大輝 DF**40**

①2001/9/10 ②塩尻市 ③173/70
④新 ⑤専修大在学中 [特別指定選手]

Kohei KIYAMA

喜山康平 MF**11**

①1988/2/22 ②東京都 ③179/75
④6 ⑤岡山

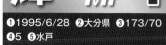

Akira ANDO

安東輝 MF**4**

①1995/6/28 ②大分県 ③173/70
④5 ⑤水戸

LUCAS RIAN

ルーカスヒアン FW**7**

①2000/6/3 ②ブラジル ③180/68
④新 ⑤ファルコンFC

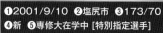

Naoto ARAI

新井直登 FW**33**

①2001/3/3 ②神奈川県 ③172/66
④新 ⑤神奈川大

Taku INAFUKU

稲福卓 MF**34**

①2002/5/2 ②上田市 ③173/64
④3 ⑤松本山雅U-18

Ryuji KOKUBU

國分龍司 MF**30**

①2000/10/4 ②大阪府 ③172/64
④新 ⑤大阪学院大

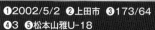

シーズン途中移籍

※4月契約解除、8月FC大阪へ
浜崎拓磨 DF **20**

※8月FCへ完全移籍
関東リーグ1部VONDS市原
篠原弘次郎 DF **39**

※8月、九州リーグ・ヴェロスクロノス都農へ期限付き移籍
二ノ宮慈洋 DF **27**

Yuya FUJIMOTO

藤本裕也 DF **28**

① 2000/4/10　② 神奈川県　③ 176/75
④ 新　⑤ 関東学院大

Ko SHIMURA

志村滉 DF **37**

① 2000/5/13　② 宮城県　③ 180/76
④ 新　⑤ 富士大

Mao HAMANA

濱名真央 MF **38**

① 2000/9/8　② 福島県　③ 174/65
④ 新　⑤ 松本大

12 Supporter

Haruto USUI

薄井覇斗 GK **31**

① 1999/7/11　② 東京都　③ 186/82
④ 2　⑤ 流通経済大

Shoma KANDA

神田渉馬 GK **35**

① 2002/7/9　② 松本市　③ 187/75
④ 3　⑤ 松本山雅U-18

それでも…新たなシーズンを心待ちに

信濃毎日新聞社運動部記者　板倉 就五

小学校に上がる時、野球帽を買ってもらった。近くの洋品店に行って、白地に黒の縦縞が入った帽子を選んだ。どうしてそれを選んだのかは覚えていない。それが「阪神タイガース」の帽子だということも、当時は知らなかった。

その帽子には苦い記憶しかない。タイガースが弱かったからだ。ジャイアンツやドラゴンズの帽子をかぶった友だちが格上に見えた。

信州の辺境にある故郷でタイガースの試合がテレビ中継されるわけもなく、ナイターの時間になるとラジオにかじりついた。聞こえてくるのは、タイガースの凡打を伝え、対戦相手の逆転打に絶叫する実況ばかり。泣きながらラジオのスイッチを切った。

それでも、タイガースファンをやめられなかった。掛布雅之に憧れて左打ちの練習をした。その帽子がボロボロになったので、次は黒い野球帽を買ってもらった。こんどはそれが、タイガースのビジター用だと分かった上で選んだ。

1万通り。温かく背中を支える姿勢も、怒りを爆発させる行動も1万通り。勝てば、明日からの1週間がどれほど晴れ晴れしいことか。負けて憤慨しても、次の週末が近づいてくると心が躍り始める。

松本山雅を身近に感じながら生きる幸せ。記者席というスタジアムの特等席から試合を見ることを許されながら、喜怒哀楽を押し殺してゲームを観察している私には味わうことができない醍醐味だ。

AC長野パルセイロに敗れ、勝負どころで勝てず、2年続けてJ2昇格を逃した松本山雅は来季もJ3で戦う。

それでも、新たなシーズンの幕開けを心待ちにしている1万人の人たちがいる。

負ける悔しさに直面するくらいなら、スタジアムに足を運ぶことをやめよう。戦わない選手の姿を目の当たりにするくらいなら、応援したくない……。どこかでそう決断できたなら、30年以上もタイガースの応援を続けていない。その代わり、38年ぶりの日本一に歓喜することもできなかった。

松本山雅を応援する1万人のファンやサポーターがいるとしたら、夢中になったきっかけは1万通りあるだろう。チームに向けるまなざしや熱量も次の春もまた、スタジアムが1万人の思いで満たされることを願って──。

前半、神戸の大迫（右）と競り合う喜山

2 - 0
神 戸(J1)　松本山雅

守備に収穫
攻撃面は道半ば

2/4　ノエビアスタジアム神戸
▶4,381人　▶晴

ヴィッセル神戸 2-0 松本山雅FC

		0	前	0		
		2	後	0		
		18	SH	5		
		8	GK	11		
		7	CK	2		
		19	FK	9		

前川	黛也	1	GK	GK	16	村山	智彦
マテウストゥーレル		3	DF	DF	43	常田	克人
本多	勇喜	15	DF	DF	44	野々村鷹人	
山川	哲史	23	DF	DF	48	藤谷	壮
酒井	高徳	24	DF	MF	4	安東	輝
山口	蛍	5	MF	MF	8	下川	陽太
汰木	康也	14	MF	MF	11	喜山	康平
齊藤	未月	16	MF	MF	15	菊井	悠介
大﨑	玲央	25	MF	MF	23	滝	裕太
大迫	勇也	10	FW	FW	25	榎本	樹
武藤	嘉紀	11	FW	FW	49	渡邉	千真
			交代要員				
井出	遥也	18	MF	DF	2	宮部	大己
泉	柊椰	27	MF	DF	39	篠原弘次郎	
ステファンゴシャ		30	FW	DF	41	山本	龍平
ジェアンパトリッキ		26	FW	MF	36	住田	将
				FW	9	鈴木	国友
				FW	42	田中	想来

▶得点【神】大迫(後28、後35)
▶交代【神】齊藤(後36ジェアンパトリッキ) 汰木(後36泉) 大迫(後41ステファンゴシャ) 武藤(後41井出)【松】藤谷(後1宮部) 菊井(後1鈴木) 野々村(後1篠原) 下川(後16山本) 喜山(後16住田) 渡邉(後16田中)
▶警告【松】藤谷、篠原

前半、神戸の酒井（左）とボールを奪い合う安東

4－3－3の布陣。安東と喜山がボランチを組み、攻撃陣は渡辺を頂点に置き、右に滝、左に榎本、トップ下に菊井が入った。GKには村山を起用した。神戸は元日本代表の大迫と武藤が先発。元スペイン代表のイニエスタは欠場した。

松本山雅は前半15分にハンドでPKを与えたが、これを大迫が失敗。強度の高い守備で神戸の攻撃を食い止め、時間の経過とともにゴールに迫る場面も増えたが、無得点のまま折り返した。松本山雅は後半開始と同時に3人、さらに同16分に3人を交代したことにより、プレーの強度や精度が低下。28分と35分に大迫に決められると、最後までゴールを奪えず零敗した。

プレシーズンマッチ終了後には両チームとも先発全員を入れ替えて35分ハーフの練習試合を行い、松本山雅の0－2だった。

霜田監督「日本を代表する選手がいる相手にどこまでできるか、頭と体が連動して動くのかがテーマだった。できたシーンもあるし、全然できなかったシーンもある。ただ、この相手を基準にして、この相手にもできるようなサッカーをしたい。いろんな選手に基準を体感させてあげられたことが収穫。その中でチャレンジできたことが最大の収穫だった」

J3リーグ 2023 38試合レビュー

最終順位

順位	クラブ	勝点	試合	勝	分	敗	得点	失点	得失点差	
1	愛媛	73	38	21	10	7	59	48	11	J2昇格
2	鹿児島	62	38	18	8	12	58	41	17	J2昇格
3	富山	62	38	19	5	14	59	48	11	
4	今治	59	38	16	11	11	54	42	12	
5	奈良	57	38	15	12	11	45	32	13	
6	鳥取	56	38	14	14	10	57	52	5	
7	八戸	56	38	15	11	12	49	47	2	
8	岐阜	54	38	14	12	12	44	35	9	
9	松本	54	38	15	9	14	51	47	4	
10	岩手	54	38	15	9	14	48	49	-1	
11	FC大阪	53	38	14	11	13	41	38	3	
12	YS横浜	52	38	14	10	14	48	50	-2	
13	沼津	51	38	15	6	17	48	48	0	
14	長野	50	38	13	11	14	52	60	-8	
15	福島	47	38	12	11	15	37	42	-5	
16	讃岐	44	38	11	11	16	29	45	-16	
17	琉球	43	38	12	7	19	43	61	-18	
18	相模原	41	38	9	14	15	44	48	-4	
19	宮崎	39	38	9	12	17	31	52	-21	①
20	北九州	31	38	7	10	21	33	45	-12	②

①J3・JFL入れ替え戦出場枠　②J3会員資格自動喪失枠またはJ3・JFL入れ替え戦出場枠。今季はJFLの1、2位がJ3ライセンスを持たなかったため、入れ替え戦は実施せず降格はなし

選手出場記録

背番号	選手名	出場試合数（時間＝分）	得点	
2	宮部 大己	13 (647)	0	
4	安東 輝	10 (617)	0	
6	山口 一真	12 (709)	1	
7	ルーカスヒアン	2 (31)	0	
8	下川 陽太	28 (2,027)	0	
9	鈴木 国友	24 (1,034)	2	
11	喜山 康平	15 (496)	0	
13	橋内 優也	20 (554)	0	
14	パウリーニョ	18 (1,256)	2	
15	菊井 悠介	34 (2,975)	6	
16	村山 智彦	23 (2,070)	0	
18	野澤 零温	15 (625)	2	
19	小松 蓮	36 (3,136)	19	
21	ビクトル	15 (1,350)	0	
23	滝 裕太	32 (1,612)	3	
25	榎本 樹	22 (802)	1	
28	藤本 裕也	0 (0)	0	
29	村越 凱光	31 (1,757)	6	
30	國分 龍司	13 (424)	0	
31	薄井 覇斗	0 (0)	0	
32	米原 秀亮	22 (1,560)	0	
33	新井 直登	0 (0)	0	
34	稲福 卓	5 (35)	0	
36	住田 将	29 (1,190)	0	
35	神田 渉馬	0 (0)	0	
37	志村 滉	0 (0)	0	
38	濱名 真央	0 (0)	0	
40	樋口 大輝	4 (48)	0	
41	山本 龍平	22 (1,388)	1	
42	田中 想来	4 (43)	0	
43	常田 克人	38 (3,420)	0	
44	野々村鷹人	34 (3,025)	3	
46	安永 玲央	19 (1,607)	0	
48	藤谷 壮	33 (2,457)	1	
49	渡邉 千真	20 (627)	2	
20	浜崎 拓磨	0 (0)	0	移籍
27	二ノ宮慈洋	0 (0)	0	移籍
39	篠原弘次郎	4 (43)	0	移籍

順位・勝ち点の推移

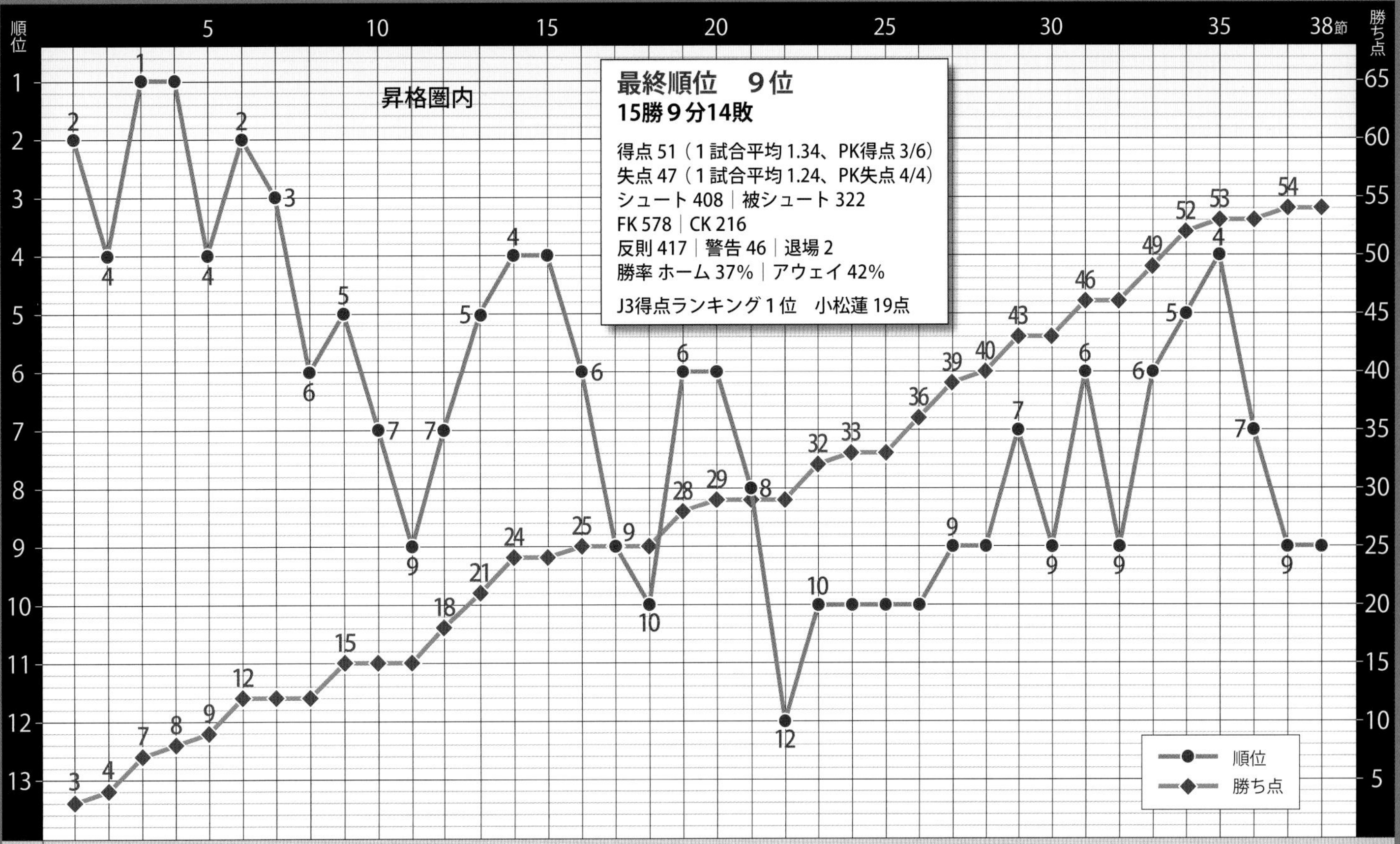

最終順位　9位
15勝9分14敗

得点 51（1試合平均1.34、PK得点3/6）
失点 47（1試合平均1.24、PK失点4/4）
シュート 408｜被シュート 322
FK 578｜CK 216
反則 417｜警告 46｜退場 2
勝率 ホーム37%｜アウェイ42%

J3得点ランキング1位　小松蓮 19点

昇格圏内

（順位・勝ち点の推移グラフ：横軸 節1〜38節、左縦軸 順位1〜13、右縦軸 勝ち点5〜65）

対戦成績

節	対戦	勝敗	得点	失点
1	奈良	○	2	0
2	岐阜	△	1	1
3	Y横浜	○	3	0
4	宮崎	○	1	0
5	鳥取	△	0	0
6	北九州	●	2	4
7	沼津	●	3	4
8	富山	●	0	3
9	FC大阪	○	1	0
10	長野	●	2	2
11	鹿児島	△	2	2
12	相模原	●	0	4
13	今治	○	1	1
14	讃岐	△	2	2
15	岩手	○	2	0
16	愛媛	●	0	1
17	琉球	●	1	2
18	福島	●	1	2
19	八戸	○	3	0
20	愛媛	●	1	2
21	鳥取	○	1	0
22	富山	△	0	1
23	鹿児島	○	2	1
24	今治	△	1	1
25	FC大阪	●	0	1
26	琉球	○	2	0
27	宮崎	○	1	1
28	岐阜	●	0	3
29	八戸	○	2	0
30	岩手	●	1	4
31	長野	○	0	0
32	沼津	△	2	3
33	相模原	△	1	1
34	北九州	○	1	3
35	福島	●	2	0
36	Y横浜	○	1	2
37	讃岐	△	0	0
38	奈良	●	0	1

※赤字はホーム試合

0 - 2
奈　良　　松本山雅

前半、相手選手とボールを奪い合う菊井（右から３人目）

これぞ攻撃的守備
前線からプレスかけ
主導権握る

　4-3-3の布陣。安東は右脚を痛めて欠場し、パウリーニョと住田がダブルボランチを組んだ。新戦力は藤谷が４バックの右、滝が３トップの右で先発。ワントップに小松、トップ下に菊井が入り、GKはビクトルを起用した。

　前半31分、小松が倒されて得たPKを自ら決めて先制した。同38分のピンチをビクトルの好守で防ぐと、後半39分には途中出場の村越がカウンター攻撃から左足で追加点を決めて突き放した。

試合内容に目を向ければ、「やってきたことの半分しか出せなかった」と霜田監督。それでも、JFLから昇格した奈良を相手に要所を押さえて開幕白星をつかめたのは、残りの半分を出し切れたことが大きい。前線から強度の高い連続したプレスをかけ続けて奈良の組み立てを寸断。"攻撃的な守備"で勝機をたぐり寄せた。

荒れて乾燥した芝生でパススピードが殺され、不規則なバウンドがミスを誘発した。選手たちは試合中に「シンプルでいい」(菊井)と判断。主体的にボールを動かす攻撃面の良さを出せなかった主因はそこにある。

霜田監督は、ワントップにJ1通算104得点の渡辺ではなく、育成組織出身の小松を先発起用した。理由は「迫力を持ってプレスにいける」から。小松と菊井がプレスのスイッチを入れ、両翼の滝と榎本、さらに中盤から後ろの選手たちが連動。ゴールを守るのではなく、ボールを奪うことを目的とした守備戦術が機能し、主導権を握った。

後半39分、既に右脚がつっていた菊井が「最後のパワーを振り絞った」という寄せで奪ったボールが追加点の起点になった。「相手にパスをつながせるような守備ができた。はまっていた」と下川。霜田監督は「やってきたことを愚直に真面目にやってくれた」と、最後まで走りきった選手たちに拍手を送った。

先制のPKにつながった前半28分の右CKは、滝や菊井、藤谷の連係によってサイドを崩したことで獲得した。回数こそ少なかったが、攻撃面でも新スタイルの片りんは見せた。残り半分を表現してつかむ勝利を、サポーターは待っている。

前半31分、先制のPKを決める小松

後半39分、チーム2点目のゴールを決め、駆け出す村越(中央)

勝ち癖をつけていく

霜田監督「多くのサポーターの前で勝ち点3を取ることができて満足している。ただ、(内容は)目指しているフットボールには遠いので、もっと成熟していきたい。開幕戦で動きが硬く、(選手同士の)距離も離れていた。1点目も2点目も時間がかかって相手にもチャンスがあったが、そこでビクトルやDF陣が体を張って守ってくれたことが2点目につながった。勝って学ぶことは多いので勝ち癖をつけていきたい」

奈良に駆けつけたサポーターが開幕戦で勝利した選手たちを祝福

前半43分、同点ゴールを決め、喜ぶパウリーニョ（中央）

あと1点遠く　決定機は何度も

　後半のチャンスを決めていれば勝てたし、ピンチを食い止められなければ負けていた。この引き分けに勝ち点1以上の意味があるとすれば、勝つも負けるも自分たち次第だった、ということだろう。「必ず良くなる。下を向く必要はない」と霜田監督。悔しさをにじませながらも、前向きな言葉を並べた。

　前半終了間際にパウリーニョのミドルシュートで追いつき、後半は決定的な形を何度もつくった。17分には野々村の縦パスを小松がワンタッチでつなぎ、GKとの1対1に持ち込んだ滝が右足でシュート。しかし、「止めやすいコースに蹴ってしまった」（滝）シュートは防がれ、この日も流れの中からゴールを決められなかった。

　後半2分に右サイド深くから決定的なクロスを入れた藤谷は「迫力を持ってゴールに迫る回数は増えている」とうなずきつつ、「最後の質が足りない」と反省。滝が「ボール1個分やワンテンポのタイミング」と振り返った課題に対し、菊井は「練習からプレースピードを上げていけば、もっと試合で生きてくる」と改善策を挙げる。

　奈良との開幕戦は強度の高いプレスが効果的だった。ロングボールを多用することでプレスを回避した岐阜に対しては、厚みのある攻撃と体を張った守備の良さが出た。霜田監督は「勝ち点2を落とした」と歯がみしたが、試合内容にはチームの変化や成長がしっかりと見える。

　今は、それでいい。この勝ち点1の価値を高められるかどうかは、この先の戦いに懸かっている。

　開幕戦と同じ先発。前半14分、下川が後逸したボールを岐阜の窪田に決められて先制を許した。その後は攻勢に転じ、同43分に左CKをつないでパウリーニョが左足でミドルシュート。これが相手に当たってゴールインし、同点で折り返した。

　後半は両サイドを起点にゴールに迫る回数が増えたが、ゴール前の精度や積極性を欠いて勝ち越し点は奪えなかった。

守備で体を張ってくれた

霜田監督「ピンチでもフリーでシュートを打たせず、体を張った守備はよくやってくれた。（前半43分に）セットプレーで1点取って、その後に流れの中から取るチャンスがたくさんあったので、それを決めるか決められないかで大きく変わってくる。ビルドアップ（攻撃の組み立て）でミスが多く、クロスやシュートの質も足りない。そこは選手たちに自覚を促したい」

後半3分、先制ゴールを決め喜ぶ菊井

ゴールに向かう姿勢見せてくれた

霜田監督「あまり褒められた内容ではなく、改善の余地がたくさんある。ただ、ゴールに向かっていく姿勢を見せてくれたし、途中から入れた選手がチームを救ってくれた。チーム一丸で戦えた。（遠征メンバーに加わりながらベンチから外れた）宮部を含めて19人全員の勝利だ。来週やっとホームに帰れる。松本で待ってくれているサポーターの前で良い試合をしたい」

後半49分、チーム3点目のゴールを決めた小松（左）と喜び合う菊井（同2人目）、鈴木（同3人目）

小松に代わって渡邉がワントップで今季初先発したが、前半23分に負傷交代した。前半は攻めあぐねて無得点で折り返したが、後半3分に高い位置からのプレスが相手GKのミスを誘発し、小松からのパスを受けた菊井が左足で先制点。同47分に山本が獲得したPKを鈴木が決めて突き放すと、同49分には左サイドを突破した鈴木のパスを小松が左足で決めて3点目を奪った。

　まだ序盤戦とはいえ、アウェー3連戦を2勝1分けで乗り切った松本山雅が首位に立った。「内容が悪くても勝ち点が取れて、意図した形でなくても得点が取れることは大きい」と霜田監督。内容と結果がリンクしていないことに渋面をつくるが、勝ちながら課題と向き合える上々のスタートを切ったと言える。

　2連敗中のYS横浜に対して前半は攻撃が停滞した。「練習で出せている良い部分を試合で出せていない」と住田。下川も「クロスを相手に引っかけてしまっている」と課題を直視する。

　前半のシュート数は相手の4本を下回る3本。それが後半は12本に4倍増する。プレス強度が上がったことに加え、「後半勝負の感覚だった。必ず（スペースが）空いてくると思っていた」と菊井。自陣を固める相手の運動量が落ちることを想定し、ギアを上げた試合運びを結果につなげた。

　後半3分の先制点の場面。相手がボールを下げた瞬間に小松がスイッチとなってプレスをかけ、GKのミスを誘発した。これを小松が見逃さず、サポートした菊井にヒールパス。泥くさいゴールだが、一連の流れにはチームの狙いが詰まっている。幸運でも何でもなく、自分たちでたぐり寄せた勝利と言っていい。

　霜田監督は、勝つ確率を高め、魅力的で持続的なチームづくりにつながると信じて新スタイルの構築に取り組んでいる。勝ったからよしとせず、内容を磨いていくことが右肩上がりの成長には欠かせない。首位に立ってホーム開幕戦を迎える今こそ、結果に浮かれず足元を見つめて前に進むべきだ。

第3節　3/19　Away

0 - 3

YS横浜　松本山雅

1-1

松本山雅　宮崎

内容で上回りながら失った勝ち点2

　前節から先発3人を入れ替えた。喜山と鈴木が初先発し、小松が2試合ぶりに先発復帰。鈴木がトップ下に入り、菊井が3トップの左に回る4-3-3で臨んだ。

　前半から攻勢に出ながらゴールを奪えずにいたが、後半20分、前線で小松が収めたボールを走り込んだ菊井が右足で決めて先制した。しかし、同31分に自陣右からのクロスを宮崎の南野に決められ追いつかれると、終盤は勝ち越し点を奪うパワーを出せなかった。

引き分けは受け入れたくない

霜田監督「雨の中、大勢のサポーターに来てもらって、勝ち点3を届けられなかったことだけが悔しい。ホーム開幕戦をどうしても勝ちたかったので、引き分けを受け入れたくない。決めきるところで結果を出せなかった。チームとしての決定力を上げていきたい。ホームで勝たなければプロではない。ホームで勝って初めてシーズンが始まると思っている」

後半20分、先制ゴールを決める菊井

前半、宮崎の守備陣にシュートを阻まれる滝（中央）

後半44分、審判への異議で菊井が警告を受けた。前節のYS横浜戦では、ベンチの武石コーチが同じ警告を受けている。「フェアで強いチームをつくる」（下條SD）という理念や、「審判に文句を言ってイエロー（警告）をもらうことはやめよう」（霜田監督）という姿勢を著しく欠いている。

土砂降りの雨の中、6880人のサポーターが足を運んだホーム開幕戦。今季の松本山雅をお披露目する舞台の演目は、試合の結果や内容だけではないはずだ。そう指摘せざるを得ないことが残念に思うほど、試合の中身は濃かった。

自陣で守備を固める宮崎に対して、立ち上がりから主導権を握って攻勢を強めた。トップ下で初先発した鈴木に、ワントップの小松や左に回った菊井が適度な距離感で絡み、そこに喜山と住田のボランチコンビから縦パスが供給されて攻撃のスイッチが入った。

菊井の2試合連続ゴールで先制した直後の後半22分、藤谷の折り返しを右足で狙った鈴木のシュートは枠の上。同31分に喜山からのパスを受けた菊井が相手を引きつけ、ラストパスを受けて左足を振った村越のシュートはGK正面。その反撃から宮崎にワンチャンスを決められ、内容で上回りながら勝利をつかみ損ねた。

「内容が悪くても、やりたいことができなくても勝ち点3を取る思いだった」と鈴木。喜山は「追加点を取る攻撃ができるように成長していかないと」と話す。プレーでも、ピッチに立つ姿勢でも、勝ち点2を失った課題を見つめる必要がある。

抱き合って選手一人一人をピッチに送り出す霜田監督

サッカー J3 松本山雅 FC の指揮官に就いた霜田正浩監督は、高校卒業後にブラジル留学したり、日本サッカー協会技術委員長として日本代表強化を担ったりと多彩な経歴を持つ。「らしさ」は人が決めるもの、「流儀」は自分で決めるもの、という信念に基づき、サッカーや地域に対する思い、人生を歩むヒントになる言葉を連載でつづる。

「うまく、強く」純粋な思い

松本山雅の指揮を執ることになり、新しい選手、スタッフたちと寝食を共にしてきた。開幕まで残り数日。僕がどんなチームにしたいのか、松本山雅でどんなサッカーをしたいのか、コラムという形でファン、サポーターの方に知ってもらう良い機会をいただいたので、拙筆ながら自分の気持ちやバックボーンをお伝えしたい。

小学校4年生の時にサッカーと出合う。当時は野球が全盛時代で、僕も野球のクラブチームに入っていたが、友人から「サッカーが楽しいよ」と誘われたことがきっかけだった。東京の池袋で生まれ育った僕の家の近くにはサッカー少年団がなく、隣の北区にあった「十条サッカークラブ」に友人と自転車で通った。サッカーは"なんとなく"始めたけれど、それが45年以上続き、一生の仕事になるのだから人生は本当に分からない。

実は、少年団の監督が当時の読売クラブと交流があり、在日ブラジル人選手を練習に連れてきてくれた。僕は、彼ら大人と一緒にフットサルをやるたびに「あのテクニックを磨きたい」「サッカーがうまくなりたい」と心底願った記憶がある。

中学に進んだ僕は、大人たちとサッカーをすることに夢中で、サッカーに明け暮れる。そしてある日、子どもながらに決断した。サッカーがうまくなるためにブラジルに行こう、と。

新しいことにチャレンジすることが好きだった僕は、ブラジルに行ってサッカーがうまくなることだけを考えて毎日を過ごした。中学時代は東京都選抜に選ばれるまで成長したが、進学先は全国高校選手権の常連校ではなく、普通の都立高校へ。グラウンドが広かったし、サッカー部に歴史がな

い学校を自分で強くしたいと思ったからだ。

純粋にサッカーがうまくなりたい。強いチームにしたい。「じゃあどうする？」と、考えることが楽しかった。それは、この歳になっても変わっていない。考えることが楽しい。成功したらもっと楽しい。失敗したら、また考えればいい。

サッカーに明け暮れていた一方で、勉強も嫌いではなかった。一番好きな科目は数学。それも証明問題。仮定して、定義付けして、解を求めていくと最後に「よってこれはこうである」と証明できることが楽しかった。

今の指導も、この時の気持ちがベースになっていると思う。サッカーには正解がない。全く同じ局面がない。人間がやるスポーツだから全て計算もできないし、割り切れない。アクシデントや天候にも左右される。変数が多いのだ。だから正解ではなく、その時の最適解を求める。それを出すために、チームの設計図を定め、余白をつくり、選手たちの共通理解が進むようにチームとしての解を求めていく。運もある。感情もある。だからサッカーは楽しい。

残念ながら、僕は選手として大成できなかった。日本代表にも縁がなく、サッカー界では日なたを歩いてこなかった。ただ、指導者になった今も、ブラジルに行こうと決めた少年時代と気持ちは何も変わっていない。選手をうまくしたい。チームを強くしたい。その純粋さが僕の流儀だ。

松本山雅にもサッカーに対する一途で純粋な思いを感じている。そういえば、初めて着た十条サッカークラブのユニホームは緑色だった。

（3月2日本紙掲載）

攻撃で圧倒するも…
ゴール遠く無得点ドロー

第5節 4/2 Home

0 - 0

松本山雅　　鳥取

前半、ファウルで突破を阻まれる村越

前節から先発2人を入れ替え、村越が3トップの右で初先発。パウリーニョが2試合ぶりに復帰し、住田とボランチを組んだ。

立ち上がりから攻勢に出たが、何度もあったカウンターの好機を生かせなかった。前半38分には村越のシュート性のクロスを小松が狙い、後半10分には鈴木のクロスに菊井が合わせたが、ともにGKに阻まれて逸機。終盤は運動量が落ちて押し込まれたが、鳥取の攻撃も精度を欠いてスコアレスで引き分けた。

技術も気持ちも仕組みも足りない

霜田監督「勝ち点1がこんなに悔しいのは久しぶり。これだけチャンスをつくって決定機をつくった中でボールを相手ゴールの中に入れられない。まだまだ技術も気持ちも仕組みも足りないなと反省させられている。（連動した守備で）ゲームプラン通りのシーンをたくさんつくれたが、点を取らなければ勝ち点3にはつながらない。得点だけが足りなかった」

攻撃に力点を置いたスタイルの鳥取に対して、松本山雅は攻撃力で圧倒した。それが得点に直結せず、決定力不足というありふれた課題を残して無得点で引き分けた。参戦11年目のJリーグで、開幕から5試合連続無敗は初めて。誇らしい記録だが、この日ばかりは勝利を逃した喪失感の方が強い。

前半9分に菊井が高い位置でボールを奪って逆襲に転じ、同12分にはパウリーニョのボール奪取からカウンター攻撃を発動させた。序盤の圧力で鳥取の出はなをくじき、前半のシュート数は11対0。ただ、スコアは0対0のまま動かせなかった。

前半9分は、縦に仕掛けた菊井のドリブルが足元で詰まった。同12分は菊井のシュートを相手がブロック。後半10分、鈴木のクロスに菊井が合わせた場面が最大の決定機だったが、これもGKの正面を突いてゴールに届かなかった。

「自分の責任。自分のミス」と、既に自分と十分に向き合っている菊井を責めても意味がない。この日はサイドでボールが停滞し、下川や藤谷のクロスから得点のにおいが全くしなかった。「もっとギアを上げていかないと状況は変わらない」と下川。藤谷は「数センチ、数ミリにこだわらなければ」と話し、菊井と同じように自らに矢印を向ける。

内容で上回りながら勝ち点2を逃し、それがホームで2試合続いた。勝ち点差1で昇格を逃した昨季の悔しさが残っているなら、得点と勝ち点への執着心はまだまだ足りない。

後半18分、オーバーヘッドで勝ち越しのゴールを決めてハットトリックを達成する小松

小松ハットトリック
FWの責任感

前節から先発3人を入れ替え、村山と山本が今季初先発。山本は下川に代わって左サイドバックに入り、滝が3トップの右で2試合ぶりに先発した。

前半4分に先制を許したが同15分、左CKの流れから小松が右足で決めて追いつくと、同31分に山本のクロスを再び小松が頭で合わせて勝ち越した。後半4分に同点とされて迎えた同18分、ゴール前の浮き球を小松がオーバーヘッドで決めてハットトリックを達成。同43分には村越がFKを左足で直接決めて突き放した。

「18.32 メートル」。小松は、ゴールエリアの横幅を意識して試合に臨んでいる。相手にとって最も危険な場所でパスを待ち構え、この日は右足、頭、左足で3得点。プロ6年目で初めてハットトリックを達成し、逆転勝利のヒーローになった。

1点を追う前半15分、左CKの流れから野々村の折り返しをねじ込んで同点。同31分には「欲しいところに上げてくれた」という山本の左クロスを押し込んだ。クライマックスは、再び追いつかれて迎えた後、18分。山本のクロスが相手に当たり、大きな弧を描いて落ちてきたボールをオーバーヘッドキックで決めてみせた。

昨季は出場28試合で5得点。その数字に今季は6試合目で並んだ。この進化を「偶然じゃない」と断言できる理由は、「去年から180度変わった」と話すサッカーへの向き合い方にある。

勝負どころで結果を残せなかった昨季を終え、メンタルトレーナーの指導で意識改革に着手した。「点を取る」など不確定要素を含む目標ではなく、「シュートを3本打つ」など自力でクリアできるターゲットを設定。早寝早起きなど生活リズムから見直し、24時間の全てをサッカーのために費やすようにした。

2020年にJ2山口で小松を指導した霜田監督は「3年前は何人かいるFWの一人。今は責任感が伝わってくる」と成長に目を細める。「エースかどうかは、どうでもいい」と小松。「シーズンの最後に、誰よりも点を取ったという結果がついてくれば」。激しい競り合いで生傷が残る顔は、自信に満ちていた。

後半18分、ハットトリックを達成して喜ぶ小松（中央）

チーム全員の勝利

霜田監督「先に失点したが、誰一人下を向くことなくゲームをコントロールし、久しぶりに先発で使ったメンバーと途中から出た選手が躍動感を出してくれた。チーム全員の勝利だと思っている。彼（小松）がペナルティーエリアの中でボールに触るシーンを多くつくることがチームの仕組みだが、仕組みだけでは点が取れない。ボールをゴールに運ぶ技術が今季はフォーカスされている」

後半43分、FKから追加点を決める村越

3-4

松本山雅　沼津

後半41分、CKから沼津の篠崎(右から4人目)にゴールを決められ同点に追いつかれる

今季初黒星
長所消され苦闘
相手攻勢止められず

前節から先発2人を入れ替え、GKビクトルが先発復帰。滝に代わって榎本が4試合ぶりに先発し、3トップの右に入った。

序盤から試合運びが不安定だった。前半15分に先制されると、小松のゴールで追いついた直後の同26分に突破を止められず失点。同43分に榎本、後半37分に山本のゴールで逆転したが、同41分と42分に連続失点し、再逆転を許した。

　開幕から6試合で計4得点だった沼津が、松本山雅のゴールに突き刺した4ゴールはどれも見事だった。ただ、Jリーグの底辺のカテゴリーで相手を称賛しても未来は開けない。2試合続けてホームで引き分け、それでも駆けつけた今季最多の観衆はどんな思いで帰路に就いたか。まるで優勝したかのように喜ぶ沼津サポーターと比較すれば、想像は難しくない。

　沼津のワントップは、身長168センチの大卒ルーキー。そこへの縦パスに、野々村と常田のセンターバック2人は翻弄され続けた。高い位置でのプレスがはまらず、「怖くてラインを上げきれなかった」と野々村。ボランチとの間に広大なスペースを与え、そこでセカンドボールを拾った沼津の攻勢を止められなかった。

　霜田監督は、相手の長所を消すよりも自分たちの長所を出す戦い方に比重を置く。狙いがはっきりしているだけに、分析が進むほど相手は松本山雅の良さを消しにくる。「ボールを奪いにいくアイデアが見つからなかった」と振り返った常田や、「ピッチの中で解決できなかった」と話した野々村の言葉が、苦しんだ90分間を物語る。

　攻撃に目を転じれば、3得点したことよりも、それ以上の決定機を逃したことの方が重い。「相手に決める力があって、自分たちになかった」と菊井。守備陣と同じように黒星を正視する。

　今季3試合目のホームでも勝てなかった。試合後の取材エリアで重圧の有無を問われた喜山は、「それを乗り越えることが、このチームならできる」と答えた。痛い初黒星を成長の糧にできるか。

気持ちとプレーが一致せず

霜田監督「絶対に勝ち点3をみんなに届けるという気持ちだったが、気持ちとプレーが一致せず、ボールや判定や流れが相手の方にいってしまった。(センターバックとボランチの間にできてしまったスペースは)そもそもつくりたくない。センターバックが相手のワントップを置き去りにできれば何も問題なかった。原点に戻って守備の基本、やり方を修正したい」

後半、沼津の森(中央)に振り切られ決勝ゴールを許す稲福

「成長」の糧となるか
自滅で痛恨の2連敗

守備の圧力も球際の強さもゴールへの推進力も、松本山雅が上回っていた。ただし、それは前半30分まで。同40分に攻撃の組み立てが行き詰まったことによる「自滅」（霜田監督）で失点すると、主導権を喪失。大型連休初日にアウェーまで駆けつけた約2000人のサポーターを沸かせることができないまま、痛恨の連敗を喫した。

先制を許し、複数失点しても、それをはね返す攻撃力を示してきたのが今季の松本山雅だが、この日は時間の経過とともに失速した。選手交代が機能せず、交代枠を使い切った後に体力の限界を迎えた山本の運動量が激減。相手監督の「走り合いに打ち勝った」という言葉が突き刺さる。

開幕からの5試合は総失点2が示す堅実な試合運びで勝ち点を積み上げたが、その後の3試合は計9失点。霜田監督は、足踏みする現状を「うまくなる、強くなる途中」と表現するが、成長に伴う副作用が成果を覆い隠す時間が続く。

意図的につくった序盤の好機を生かせず、不運も重なった一瞬の隙に失点した。「良い時間帯で点が取れなかったことも、相手の時間帯に耐えられなかったこともチームの力不足」と村山。シーズン序盤から一転して試合運びのまずさが足かせになっており、パウリーニョは「あと少しでアクセルを踏み込めるところまできているのに」ともどかしがる。

この2連敗が成長の代償として必要な痛みだったのかどうか。それを証明できるのは、松本山雅の選手たちしかいない。

3失点で連敗を喫し、試合後にうなだれる野々村（左）ら

前節から先発3人を入れ替えた。GKは2試合ぶりに村山を起用し、下川と村越がともに3試合ぶりに先発復帰。下川が右サイドバック、菊井がトップ下に入る4-3-3で臨んだ。

立ち上がりは風下で主導権を握ったが、先制点を奪えないまま次第に停滞した。前半40分にクリアボールを収めた富山の高橋に先制点を決められると、同46分には下川のファウルで与えたPKで2失点目。後半は守備を固めた相手を崩せず、終盤に3点目を奪われて今季初めて零敗した。

いろいろ足りなかった

霜田監督「自滅で失点すると難しい。ミスで相手のチャンスをつくってゴールをプレゼントしてしまった。（攻撃面では）これまで2点取られても3点取るチームをつくってきたが、今日はいろいろなところが足りなかった。（相手の圧力を）はがす技術が足りないし、割り切って（ロングボールを）蹴る勝負強さも足りない。両方足りなかった」

第8節　4/29　Away

富山		松本山雅
	3-0	

"絆" 田中隼磨

（題字と氏名は自筆）

長野県出身のプロサッカー選手の第一人者として走り続け、昨季限りで現役引退した田中隼磨さん。高校3年生だった18歳で横浜F・マリノスとプロ契約を結び、40歳で迎えた最後は故郷の松本山雅FCでユニホームを脱いだ。多くの人と出会い、たくさんの思いに触れたサッカー人生で得た宝物は「絆」。長い歩みを振り返り、切り開こうとする未来や信州への思いを伝える。

現役引退の田中隼磨さん、
山雅エグゼクティブアドバイザーに就任

　J3松本山雅は2月1日、2022年シーズン限りで現役引退した田中隼磨さん（40）＝松本市出身＝のエグゼクティブアドバイザー就任を発表した。クラブ運営について専門的な観点からアドバイスする新設ポスト。田中さんは指導者ライセンス取得など個人としても活動しながら、松本山雅の一員として育成や普及、地域活動に携わっていく。

　J1の横浜Mと名古屋でリーグ優勝を経験した田中さんは、2014年から故郷の松本山雅でプレー。Jリーグ通算570試合出場の実績を残した。田中さんは、選手への助言や練習環境整備に向けた提言、地域の子どもたちとの交流などに取り組むと話し「皆さんと共に築き上げてきた松本の流儀を大切にして、これからも一緒に歩んでいきましょう」とコメントした。

子どもたちにサッカーを教える田中隼磨さん＝9月27日、上田市

サッカーに失礼のないように　　　　　　　　　　　　　　　（1月21日）

　現役を引退したらゆっくりと休もう。食べたいものを食べて、家族と旅行に出かけよう―。18歳でプロサッカー選手になって20年以上、僕はずっとそんな引退後を思い描いてきた。でも、現実は全く違う。昨年11月20日のラストゲームから2カ月がたとうとしているけれど、僕はまだ見ぬ未来に向かって今も走り続けている。

　自分のサッカー人生を振り返った時、胸を張って人に誇れるようなことは特別ない。それでも、サッカーに失礼がないように真摯に向き合おうと決めた原点は、ユニホームを脱いだその瞬間まで守り続けることができたと思っている。

　原点の記憶をたどると、小学生の時に見た父の姿が浮かんでくる。

　野球経験者だった父は僕をプロ野球選手にすることが夢だった。僕も同じ夢を追いかけ、必死になって練習した。でも、頑張りすぎたのかな。6年生の時に肩を痛め、野球を続けられなくなってしまった。野球の道が断たれた僕は、体力づくりの一環で取り組んでいたサッカーに本腰を入れることにした。

　父はサッカーに関しては素人。それなのに、強豪高校の練習風景が記録された映像を手に入れたり、本やパソコンでサッカーの勉強をしたりして僕をサポートしてくれた。

　プロになれたことに満足し、華やかな世界でスポットライトを浴びたことに調子づき、道を外れていく選手をたくさん見てきた。先輩、同年代、後輩にもいた。父との絆があった僕は、プロになってからもサッカーとだけ向き合い続けてきた。眠りに落ちる直前までサッカーのことを考え、朝起きたらすぐにサッカーのための生活を始める。横浜M時代、監督だった岡田武史さんに言われた「何かをつかみ取るためには何かを犠牲にしなければいけない」という言葉に、僕は忠実であり続けた。

　本当は、お菓子や甘い炭酸飲料が大好き。でも、サッカーのために口にすることをやめた。揚げ物もお酒もファストフードも。20代の頃は食べられないことがストレスだった。「そのストレスが体に良くない」と栄養士に指導され、食べることも練習の一環だと考え方を転換してからはストレスがなくなった。キャンプ中に食べるビュッフェ形式の食事でも、僕は毎日決まって同じメニュー。チームメートからは不思議がられたけれど、当たり前のことをしているという感覚でしかなかった。

　けがが原因で現役を終えることだけはしたくないと思っていたけれど、僕の現役生活はけがで終わった。その悔しさが、今の僕の中にエネルギーとしてある。指導者になる、監督を目指すという軸を持ちながら、新たな進路を切り開いていきたい。もちろん、信州という故郷や松本山雅というクラブのことを大切にしながら。

流儀 反田正浩

現場のやりがいを大切に

　僕はサッカー界に就職したと思っている。所属するクラブや役割は変われど、与えられた仕事に真摯（しんし）に取り組んできた。日本サッカーの発展のために、そのクラブを応援してくれる人たちのために、日々学び、反省し、喜んだり悲しんだりしながら、もう30年がたつ。

　2014～16年には日本サッカー協会で技術委員長という重責を経験した。多くの人たちから受ける期待と重圧の中で、日本代表をどういうチームにしたいのか、どう強化したら良いのか、骨格とプランを考え続けた。

　チームは生き物だから元気の良い時もそうでない時もある。その状態を把握し、的確な処置を施すのが強化の仕事だ。手当てだけではその場しのぎになってしまう。ビジョンとコンセプト、目的意識の共有。予算や条件と戦いながらも、最後は監督と運命を共にできるかという目に見えない感覚も大事にした。

　18年のワールドカップ（W杯）ロシア大会に向けた予選の最中、街で男性に声をかけられた。「良い監督を連れてきてくれてありがとうございました！」と。まだ予選突破もできていなかったのに、試合内容や戦い方を喜んでくれたのだろう。この時、自分の仕事はこういう人たちを幸せにするためにあるのだと実感した。

　今は強化の仕事ではなく、松本山雅の監督として現場に立っている。選手たちのうまくなりたいというキラキラした目、はい上がっていきたいというスタッフたちの情熱、J1クラブにも引けを取らないサポーターの応援。彼らのために僕は仕事をしていると言っても過言ではない。人は誰かの

ために動く時、一番力が出る。利他の気持ちもそうだが、自分の欲望以外で気持ちが動く仕事にはやりがいを感じる。

　監督という仕事は結果が全て。ただ、一人では全ての仕事ができないからスタッフの力も借りる。コーチングスタッフは僕の目指すサッカーを深く理解し、それを全員に浸透させるために良い形で選手に接してくれている。マネジャーやトレーナー、サポートスタッフも優秀だ。僕やコーチングスタッフは全員新任だが、以前から在籍するスタッフはとても鍛えられている。そこに松本山雅の伝統を感じる。

　日本サッカー界には「TEAM BEHIND TEAM」という言葉がある。チームを支えるもう一つのチームという意味で、バックヤードスタッフを指す。彼らが機能し、選手たちを支えることができれば、さらに強いチームになれる。

　バックヤードが充実してこその表舞台、彼らに大きなやりがいを感じてもらうことが僕のやりがいにもなる。仕事は報酬や条件も大事だけれど、誰かと一緒に何かを成し遂げたいという気持ちが本当に大事なんだ。

　シーズンが始まって1カ月。1月10日の練習始動日から3カ月がたち、チームは少しずつ、でも確実に成長を続けている。まだ順位やポイント（勝ち点）を気にする時期ではない。戦力は拮抗（きっこう）し、飛び抜けて強いチームも弱いチームもない。だからこそ僕らにはチャンスがあると思っている。

　サポーターの大声援はとても大きな力になるし、彼らを幸せにしたいと心から願う。それが僕の最大のやりがいだ。

（4月4日本紙掲載）

 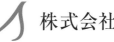

1-0

松本山雅　FC大阪

ホーム初白星
1点守って連敗脱出

前節から先発3人を入れ替えた。右脚のけがで出遅れていた安東が初先発し、ビクトルと藤谷が2試合ぶりに先発復帰。安東とパウリーニョがボランチを組む4-3-3で臨んだ。

ロングボール主体のFC大阪に押し込まれる時間が長く、攻撃の形をつくれなかった。前半39分にカウンターの決定機を村越が外して0-0で折り返したが、後半29分に再びカウンターから菊井が持ち込んで右足で先制点。この1点を守り切った。

サポーターが力に

霜田監督「1万人を超えるサポーターの力が僕らのゴールを守ってくれた。選手たちも応援を力に変えてくれた。最後まで集中を切らさず、体を張り、気迫のこもった守備を見せてくれた。この1-0の勝ちは大きい。自分たちのサッカーはできなかったけれど、今の僕たちはホームで勝つ、勝ち点3を取ることが本当に大事だと思っている」

後半29分、先制ゴールを決める菊井（左）

今季ホーム初勝利を飾り、肩を抱き合い喜ぶ選手たち

　安東から託された赤い腕章を巻いた菊井が、カウンター攻撃を発動したのは自陣だった。押し込まれる展開が続いていた後半29分。迫る相手を寄せ付けず、右足でゴール左隅に決めて先制。これが連敗を止め、4試合目にしてホーム初勝利をたぐり寄せる貴重な1点になった。

　ロングボールを放り込み、球際でも競り負けない相手の土俵に立たされた試合運びは褒められない。それでも、「自分たちの流れじゃないと受け入れて、耐えていればチャンスがくると意思統一できていた」と安東。それができずに連敗した第7、8節の教訓を生かしたことが、紙一重の勝負を分けた。

　「絵に描いた餅で終わってはいけない」。監督就任要請を受けると決めた時、霜田監督は理想を前面に出す指導方法から、選手の力を生かして勝利から逆算して戦う形に変える決意をした。後半40分、最後の交代カードで橋内と喜山を同時投入。泥くさくても1点を守り抜くメッセージをピッチに伝え、それを選手たちが体現した。

　「優勝が目標の中で3連敗なんて許されない。ホームでも勝てていなかったので、悪い流れを断ち切りたかった」と橋内。安東は「勝利への執着心を見せなければ」と考えていた。米原を加えた今季初出場の3人が、苦しむチームの力になったことは間違いない。

　AC長野の背中を追って、2週連続の信州ダービーに臨む。「長野だけには負けられない」と霜田監督。息を吹き返したチームとともに、大一番に向かう。

後半29分、先制ゴールを決めて声を上げる菊井

試合終了後、サポーターのブーイングを浴びながら引き揚げる選手たち

2-1

長野　松本山雅

信州ダービー完敗
度重なるミスに最少シュート

　完敗だ。1−2というスコア以上に、何もさせてもらえず、何もできず、オレンジ色の波にのみ込まれた。収穫があるとすれば、誇りも意地も全てが消え去り、更地からやり直すしかないというスタートラインに立てたことだけだろう。

　良かったのは立ち上がりの20分間程度だけ。プレスの強度と連続性がなくなっていき、球際の攻防でも後手に回った。主導権を握れない展開に前のめりな気持ちだけが空転。無用なファウルで与えたセットプレーから失点する試合運びは愚の骨頂と言わざるを得ない。

　「簡単なミスの繰り返し。幼稚だった」と安東。菊井は「個人として何もないゲーム。それがチーム（の出来）につながってしまった」と無表情のまま言葉を絞り出した。

　AC長野のシュート9本も決して多くないが、松本山雅のシュート数は今季最少の4本。試合終了間際に相手GKのミスから小松が1点を返したものの、自力で相手守備を破り、連係や迫力を持って相手ゴールを脅かすシーンは皆無に等しかった。「やりたいことが一つもできなかった。11人の意思統一もできていなかった」と米原。この衝撃的な敗戦によって、強化の蓄積や積み上げてきた自信さえ崩れてなくなってしまうのだろうか。

　常に選手たちを温かく見守るサポーターも、この日は最大級の怒声とブーイングを浴びせた。「信頼を取り戻すには勝たなければいけない」と霜田監督。このクラブを支える人たちの熱が冷めてしまえば、松本山雅には何も残らない。

後半、相手に阻まれる小松（右）

目的を思い出して戦わねば

霜田監督「意図したサッカーができず、相手の土俵で戦ってしまった。想定していたことが現象として出てしまった。分かっていながら止められなかった責任は僕にある。2連続で長野に負けたことは本当に悔しいが、僕ら以上にサポーターに悔しい思いをさせてしまった。リーグ戦の先はまだ長い。今日は下を向いていると思うが、明日以降は本来の目的を思い出して戦っていかなければいけない」

前節からの先発変更は2人。橋内が初先発し、鈴木が3試合ぶりに復帰。県選手権からは3人を変更した。

試合は立ち上がりからAC長野ペース。前半32分、AC長野が左CKのサインプレーから船橋のクロスを秋山が頭で決めて先制した。AC長野は後半34分、杉井の左クロスを山本が左足で決めて追加点。松本山雅は後半48分にGK金珉浩のキャッチミスを小松が頭で決めて1点を返したが、AC長野がリードを守り切った。

熱戦を繰り広げる長野と松本山雅の選手。両チームのサポーターが熱い声援を送った

後半45分、鹿児島の山口（27）に勝ち越しゴールを決められる

痛恨黒星 危険なエリアでミス

2-4
松本山雅　鹿児島

　前節から先発4人を入れ替えた。渡邉が8試合ぶりの先発で小松と2トップを組み、両サイドバックには藤谷と下川が復帰した。ルーカスヒアンが初めてベンチ入りし、後半22分から途中出場した。

　前半21分、村越のクロスのこぼれ球を小松が右足で押し込んで先制。同30分に同点に追いつかれたが、44分に住田の右CKを野々村が頭で決めて勝ち越した。しかし、後半3分に再び追いつかれると、終盤に自陣でのミスから連続失点した。

自滅して相手に勝ち点

　霜田監督「サポーターに本当に申し訳ない。今日は何を言われても仕方ない。今シーズンは自分たちのミス、自滅で相手に勝ち点を与えていることが多い。カバーできるミスならいいが、致命的なミスになるとカバーできない。ヒューマンエラーを含めてピッチに送り出した僕の責任。選手たちには（ピッチに立つ資格のある選手が）18人いないなら、これからは18人使わないと伝えた」

　後半開始直後に追いつかれ、勝ち越せないまま後半30分が過ぎた。鹿児島は、ここからの15分間で総得点の半数以上を挙げている勝負強さが身上。その強みに屈したのならまだしも、松本山雅は危険なエリアで安易なミスから連続失点する「自滅」（霜田監督）で崩れ、今季2度目の2連敗を喫した。

　前線からのプレスに強度と連続性があり、足元とスペースを使い分けた攻撃にも迫力があった。先手を取り、追いつかれても勝ち越し、後半も先に3点目を奪うチャンスはあった。しかし、「内容より結果」（霜田監督）を求めた試合で、松本山雅の手元には勝ち点0という厳しい現実だけが残った。

　対面した相手に突破を許し、いずれも同点に追いつかれる2失点を招いた藤谷は「僕が悪い流れを持ってきてしまった」。安東の負傷によって前半途中から出番が巡ってきた住田は、CKから野々村の勝ち越し点をアシストするなど攻撃で存在感を示していたが、2-2で迎えた後半45分に失点に直結するミス。「それまでがどんなに良くても、あのワンプレーで勝負を分けてしまった」と下を向いた。

　AC長野との信州ダービーに敗れ、上位の背中が遠のく中、ピッチに立った全ての選手が危機感を持ち、それを勝利への執念として表現したか。「もっとやらなければ、勝てるゲームも勝てない」と小松。霜田監督も意を決したように「普段の練習から厳しさを要求しなければいけない」と語気を強めた。

4失点で敗れ、険しい表情を見せる選手たち

流儀　霜田正浩

勝利のために指導者も進化

音楽やファッションと同じように、サッカーにもトレンドや流行がある。欧州のトップクラブが新しい戦術や戦い方で優勝すると、メディアがこぞって取り上げ、世界中に拡散する時代。それを参考にしたりまねたりするチームが増え、トレンドや流行を生み出す―というのが一般的だ。

僕も監督として世界のサッカーから日々学んでいる。トップクラブの戦術や仕組みを知り、理解しておくことは指導者として重要なアップデートになる。ただ、それをそのまま松本山雅に導入するつもりはないし、その必要もない。新たに得た情報を自分の哲学に照らし合わせ、チームの状況や現有戦力を考慮し、松本山雅用にカスタマイズする変換作業が必要だ。

これまでの松本山雅がこだわってきた、ひたむきにハードワークする姿勢は今後も継続していきたい。しかし、それだけでは足りない。かつては松本山雅の専売特許だったかもしれないが、今は他のチームも当たり前に取り組むようになっている。チームも日々アップデートしながら進化を目指すことが大切だ。

元日本代表監督のオシムさんからは多くの影響を受けた。僕が千葉でコーチを務めた時は、オシムさんの指導理念を色濃く受け継いだ息子のアマル監督とも一緒に仕事をした。彼らから学んだ指導のエッセンスは、選手たちが自分で考え、判断し、行動を起こさせるようにサポートすることが指導者の役目だ、ということだった。

オシムさんは、自分の思考を基に考えて走ることを選手に求めた。その指導には、主体的で能動的なサッカーをすることで選手が成長できる仕組みがあった。

監督に言われたことを愚直にやるだけでは勝負に勝てない。相手があり、気候やピッチ、判定などの変数がある中で試合に勝つためには、指示を待つのではなく、その場で考え、判断し、実行するプロセスを身につけなければならない。その哲学は今の僕の土台にもなっている。

5年前の僕と、今の僕は指導者として別人だと思っている。世界のサッカーを感じながら常にアップデートしなければいけないと思っているから、1カ月後の自分も違っていたい。

「勝利が先か、スタイルが先か」という議論がある。「勝てば何でもOK」と言う人もいる。こうすれば簡単に勝てるよ、という魔法のようなものがあれば、みんな同じスタイルになってしまうだろう。

僕は、どう戦うか、どうやってボールを奪い、ゴールを守り、ゴールを奪うのかというコンセプトが一番大事だと思っている。そのコンセプトにこそ指導者の色が出る。もちろん、プロの世界では勝つことが一番だ。ただ、僕がどうやって勝とうとしているのかというプロセスを皆さんと共有できれば、もっともっとサッカーの魅力を伝えられると思うし、その先に勝利が来れば、一緒にチームの成長を喜ぶことができる。

松本山雅の歴史は素晴らしい。勝つことで上の景色を見てきた。ただ、輝いていた昔と同じことをするだけでは勝てない。これまでの松本山雅の戦い方に、僕なりの哲学をプラスして、違う武器を増やしていきたい。過去の「こだわり」が未来の「とらわれ」になってはいけないと思っている。

（5月10日本紙掲載）

後半16分、ゴールを決めて5-0とし、喜ぶ小松

後半7分、追加点を決めて喜ぶパウリーニョ

前半34分、追加点を決める村越

後半、ゴール前に攻め込む滝。この後シュートを決めた

　　いまの松本山雅には強さと弱さが共存している。弱さにピントを合わせれば、鹿児島と対戦した前節は内容で上回りながら逆転負けし、今節も終盤の連続失点で楽勝ムードが吹き飛んだ。それでも、怒濤のゴールラッシュで連敗を止め、1カ月ぶりの勝利をつかんだこの日の松本山雅は強かった。強さに焦点を当てれば、中位で足踏みしているようなチームでは決してない。

　　1点リードの前半34分。相手陣で右から左にボールを動かすと、下川はワンタッチで背後の滝にパスを通した。縦に突破する滝に呼応して小松と渡邉の2トップがゴール前に入り、大外の村越もきっちりと詰めた。滝の低いクロスを決めたのは村越。今季3点目の21歳が「意図した点の取り方」と振り返った追加点は、連敗中の重い空気を振り払う価値あるゴールだった。

　　菊井と野々村の主力2人を出場停止で欠き、主将の安東もけがで離脱した。菊井の代役として起用された滝は「代わりじゃなくて、自分が持っている全てを出そう」と考えていた。スペースでパスを受け、推進力のあるドリブルでゴールに向かう。前半のアシストに続き、後半14分には今季初ゴールもマークした23歳は「迷いなくプレーできた」と表情を崩した。

　　3試合連続ゴールの小松は得点ランクトップを独走する9点目。チームの総得点23も3日現在で首位の数字だ。その強さを結果につなげるためには、下川が「自分たちの弱さと甘さ」と振り返った失点を、どれだけ減らせるかに懸かっている。

ゴールラッシュと連続失点
強さと弱さが共存

結果は十分、内容には課題

霜田監督「5点取ったことは素直に選手たちを褒めてあげたい。そこから3点取られたことは、僕も含めて猛省しなければいけない。結果は十分だが、内容を見れば課題が残る。新たに起用した選手が（出場停止で）出られない2人の穴を埋めてくれた。（1得点1アシストの）滝は良いプレーをしても数字に表れなかったが、これで一つ乗り越えた」

前節から先発5人を入れ替えた。ともに出場停止の菊井に代わり滝が6試合ぶり、野々村に代わり橋内が2試合ぶりに先発。GK村山と住田を4試合ぶりに先発起用し、初先発の宮部が右サイドバックに入る4-4-2で臨んだ。

前半9分にオウンゴールで先制。同34分には滝のクロスを村越が左足で決めて追加点を挙げた。後半は7分のパウリーニョを皮切りに、14分に滝、16分には小松と畳みかけて5得点をマーク。しかし、18分に自陣でのミスから1点を返されると、終盤にも連続失点。リードを守り切ったものの後味の悪さが残った。

3試合ぶりに勝利し、ゴールを決めた（右2人目から）小松、村越、滝が笑顔を見せる

第12節　6/3　Home

5-3

松本山雅　相模原

後半44分、2点目のゴールを決める小松（右）

今季初の連勝
「不格好」でも体張って

出場停止明けの菊井が渡邉に代わって先発復帰。残る10人は前節と同じ顔ぶれの4-3-3で臨んだ。

前半18分、菊井が左サイドから入れたクロスを小松が頭で流し込んで先制。その後は守勢に回ったが体を張った守備で今治にゴールを許さず、後半44分に左CKの流れから小松が左足で追加点。4試合ぶりの無失点でリードを守り切った。

第13節 6/11 Away

0-2

今治　松本山雅

前半18分、先制ゴールを決め駆け出す小松

戦う姿勢を見せてくれた

霜田監督「この1週間は非常に強度の高い練習をしてきて、選手たちが戦う姿勢を見せてくれた。もっとボールを動かして複数得点できることが一番良いけれど、守勢に回ってポゼッション（ボール保持）を相手に譲ったとしても、体を張り、危ないところを全員がスプリントバック（全力で帰陣）する。必要なこと、やるべきことに集中するなど、今日はそれが全部できていた」

前半、相手の攻撃を防ぐ選手たち

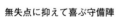
無失点に抑えて喜ぶ守備陣

　霜田監督は、今季初の連勝を零封で飾った今治戦を「不格好な試合」と表現した。言葉の意味とは裏腹に、誇らしげな表情を浮かべながら。シュート数は4対11。先制後は守勢に回る時間が長かったが、選手たちは試合終了の笛が鳴るまで一瞬たりとも集中を切らさなかった。
　前節の相模原戦は5得点で連敗を止めたが、終盤に3失点。12試合で計20失点のもろさが重い課題としてのしかかっていた。今治戦に向けた練習では、1対1で体を張って突破を食い止めるなど守備に重点を置いたメニューを増強。常田は「距離にして10センチかもしれないけれど、細かいところにこだわることができた」と胸を張る。
　後半25分、自陣左を崩された決定的な場面で相手のシュートを村山が食い止め、こぼれ球に反応した常田がクリア。その流れで与えたCKも最後は常田が体でシュートをはね返した。「相模原戦は3失点する甘さがあったので、どうにかしてクリーンシート（無失点）で勝ちたかった」と下川。橋内は「練習から強度にこだわって取り組んできた。パーフェクトじゃないけれど（失点）ゼロだったことが大きい」と強調した。
　局面で踏ん張った個の力、守備の課題と向き合って改善に結びつけたチームの力。それに、7日に福岡市であったJ1福岡と今治の天皇杯に分析スタッフを派遣し、ベンチ外の選手2人も帯同させて2日前に現地入りして調整したクラブの力。三位一体の力で今季ホーム無敗だった難敵を打ち破り、昇格争いに再び名乗りを上げた。

小松5戦連続ゴール 進化を証明

第14節 6/17 Home

2-0

松本山雅　讃岐

2-0で勝利し喜ぶ選手たち

両チームとも前節と同じ先発メンバー。4試合連続ゴール中の小松を頂点に置く4-3-3で臨んだ。

前半38分、自陣で常田が奪ったボールからカウンター攻撃を発動し、村越からのパスを受けた滝が右足で決めて先制した。後半15分には菊井のクロスを小松が頭で押し込み、Jリーグでのクラブ記録を更新する5試合連続ゴール。終盤は讃岐が攻勢に出たが、2試合連続の無失点でリードを守り切った。

前半38分、先制ゴールを決めた滝

「岩みたいになった。強い」と宮部。「エースの自覚がある。どれも偶然じゃなくて必然のゴール」と菊井。どちらも、松本山雅の小松に対する評価だ。1点リードの後半15分、菊井のクロスを頭でねじ込んで追加点。Jリーグでのクラブ記録を更新する5試合連続ゴールで3連勝を引き寄せた小松は「自信を持って打てている」と涼しい顔で振り返った。

左サイドで押し込みながらも崩しの形をつくれず、ボールを持った菊井が顔を上げた瞬間だった。「離れてマークするDFは一度視界から消えればボールを見るしかない」と背中側に回ると、高い軌道を描いたクロスの落下点を見極めてDFの前へ。決定機でも何でもない場面からゴールを生み出し、霜田監督は「キク（菊井）と（小松）蓮のホットラインがつながった」と手放しで褒めた。

昨季は出場28試合で5得点。前線からハードワークする献身性はチーム随一だったが、「守備を頑張っているからと逃げていた」と自戒する。「チームを勝たせられるのはゴールだけ」と意識を変えて臨んだ今季。その姿勢を結果につなげ、押しも押されもせぬエースに成長した。

1年前の5月に父親を亡くし、今年5月には第1子となる長男が生まれた。「父がいなくなって自分がやるしかないという思いと、子どもを見て頑張らなきゃという思いと。それに応えるためには、どれだけ点が取れるかだと思って自分と向き合っている」。24歳のストライカーは強い使命感と責任感を胸に、次もゴールを狙う。

結果にこだわり内容も上げる

霜田監督「複数得点を取れて無失点に抑えたので結果は百点満点。でも、まだ次に向けてやらなければいけないことはたくさんある。先に点が取れるように、無失点で終わらせられるように、勝ち点3を取れるように、そこから軸足を外さずにチームの成長を促していければ。時間はかかると思うが、結果にこだわりながら内容も上げていきたい」

後半15分、チーム2点目のゴールを決め駆け出す小松

前節から先発2人を入れ替え、安東が4試合ぶり、榎本が5試合ぶりに先発復帰。5試合連続ゴール中の小松をワントップに置き、安東とパウリーニョがダブルボランチを組む4-3-3で臨んだ。

前半16分、自陣で失ったボールから岩手の新保の左クロスを和田に頭で決められて先制を許した。後半にかけてボールを保持する時間が長くなったが攻撃の形をつくれず、7試合ぶりの無得点で敗れた。

相手の守備を こじ開けられず

霜田監督「相手のブロックが開かなければ横から裏を取ると言ってきたが、なかなか（パスが）縦に入らなかった。揺さぶりができてこそ（パスを）中に差せるタイミングが出てくるが、狭いところを最初から狙ってしまい、相手の守備をこじ開けるだけのクオリティーが足りなかった。こういう試合を強いチームはひっくり返せる。本当の強いチームになりたい」

第15節　6/24　Away

1-0

岩　手 / 松本山雅

躍動感なく…
攻略の糸口見いだせず

後半、決定機で渡邉が放ったシュートはGKにキャッチされる

前半16分、相手の先制ゴールを許すGK村山（右）

前半16分の先制点を守り切ろうとする岩手に対して、松本山雅は攻略の糸口を見つけられないまま零敗した。ボールを前進させるための仕組みも、それを機能させるための技術も、この日は未熟さを露呈。相手に屈したというよりも力を出し切れずに敗れ、霜田監督は「今日みたいな試合が一番悔しい」と奥歯をかみしめた。

前節までの3連勝は守備の再構築が原動力になった。失点のリスクを減らすためにシンプルなプレーを選択する回数が増え、それに反比例してショートパスで前進したり、厚みを持ってゴールに迫ったりする回数が減った。この日も「特に前半はその流れがあった」と菊井。人もボールも動きが滞留し、攻撃に躍動感が生まれなかった。

岩手が自陣に引いた後半は高い位置でプレーする時間が増えたが、脅威を与えたのは数えるほど。28分にカウンターから渡邉が抜け出した場面が最大の決定機だったが、早いタイミングで放ったシュートはGKの正面を突いた。「決めきる力がなかった」と渡邉。終了間際に菊井のクロスを頭で狙った小松のシュートも枠を外れた。

低迷から脱するために守備に重点を置いた時期が、シーズン冒頭から取り組んできた方向性を狂わせているのか。その疑問に対して、安東は「やれる実力はある」と首を振り、「試合でできない原因を探さないと」と自問する。勝ち点差6に開いた首位の背中を追いながら、足元をしっかりと見つめて前進するしかない。

"絆" 田中隼磨

経験や知識を還元する役割

（2月25日）

昨季限りで現役引退した僕は、この2月から松本山雅FCのエグゼクティブアドバイザーとしてセカンドキャリアをスタートさせた。松本で生まれ育ち、20年以上にわたってプロサッカー選手として活動した経験や知識を、クラブや地域に還元していくことが役割だと思っている。

実は、引退後の身の振り方は現役のうちからクラブと話し合いを重ねていた。僕は、自分の顔や名前を使うことよりも、経験や知識をダイレクトに生かす役割を担いたいと思っていた。僕にとってもクラブにとっても新しいチャレンジで、より良い形を模索しながら前に進んでいきたい。

仕事の内容は多岐にわたる。学校訪問やアカデミー（育成組織）の巡回、ブラインドサッカーや女子サッカーの普及活動も大事にしたい。スポンサー企業にも積極的に出向くつもりだ。その中でも大切にしたいのは、信州の子どもたちに夢や希望を持ってもらえるような取り組みだ。

現役時代も、キャリア教育事業の一環として要望のあった学校に足を運び、子どもたちと触れ合う機会はあった。これからは、お願いされて出向くのではなく、こちらから子どもたちの元に飛び込んでいきたい。

小学生や中学生の子どもを持つ父親でもある僕の目には、具体的な夢や希望を持つ子どもたちが少なくなっているように映る。それが悪いと言っているわけではない。でも、僕の経験として、具体的な夢や希望が持てれば、そこに向かう大きな力が生まれてくることを知っている。同じ信州で生まれ育った僕のことなら、子どもたちも身近に感じてくれるのではないか。そのきっかけをつくることも、アドバイザーとしての大切な仕事だと思っている。

当然ながら、クラブが発展し、チームが強くなるために力を尽くすことも僕の責務だ。ビッグクラブと呼ばれるJ1の横浜Mや名古屋などでもプレーした僕には、それらのクラブにあって、松本山雅にないものはたくさん見える。では、その一つ一つを指摘して、松本山雅がビッグクラブに近づくことが僕の仕事かと言えば、それは違う。

例えば、松本山雅は練習環境の向上が課題だと指摘されている。地方都市に拠点を置くJ2クラブでも自前の専用練習場の整備が進んでいる現実を見れば、確かにそうかもしれない。しかし、2014年に僕が名古屋から松本山雅に移籍してきた時は、天然芝グラウンドはもちろんクラブハウスもなかった。遠隔地のアウェーもバス移動が当たり前だったし、練習着の洗濯も自分たちでしていた。それでも僕たちは2度もJ1に昇格した。

この時期は県外でキャンプに臨んでいるチームも、松本に戻れば天然芝の練習場や自前のクラブハウスが用意されている。チームが強くなるために本当に必要なことは、さらなる環境整備ではなくて、今ある環境を当たり前だと思わずに感謝し、その中で自分自身を磨き、仲間たちと高みを目指そうとする気概ではないか。

その思いを、僕が言葉だけで選手やクラブに伝えても何も変わらないだろう。変わってもらうために欠かせないのは信頼関係。僕の思いを押しつけるのではなくて、みんなで同じ思いが持てるように、僕は汗をかいていこうと思う。

広い信州を元気にするために

（3月31日）

喫茶山雅の2号店ができた飯田市や、同じ南信の駒ケ根市を訪ねる機会があった。松本山雅のホームタウンではないし、松本市から100キロも離れた地域なのに、たくさんのファンやサポーターの皆さんが僕に会いに来てくれた。この広い信州には可能性が埋まっている。そんな思いを改めて抱いている。

僕が名古屋から松本山雅に移籍した2014年。練習の合間を縫って木曽郡南木曽町に出向き、子どもたちと一緒にサッカーボールを蹴る機会があった。僕のことをキラキラした目で見てくれる子どもたちと接し、僕が小学生だった時と同じだなと感じたことを覚えている。

小学6年生の時に出場した全国大会の会場が東京Vの練習拠点だった。グラウンドのすぐ近くにクラブハウスがあって、当時日本代表だった都並敏史さんらプロ選手たちが僕たちの試合を見てくれていた。生まれて初めて見る有名人。僕は試合そっちのけでサイン色紙を持って選手を追いかけていた。

監督やコーチから言われることも大事だけれど、テレビや新聞でしか見たことのない人たちや憧れの存在に接すると、日常では得がたい感動や気付きに出合えることを僕は知っている。僕が都並さんを見たように、南木曽の子どもたちが僕のことを見てくれていたら、きっと何か感じてくれたのではないか。その全てが松本山雅やサッカーにつながらなくてもいい。何かを始めるきっかけになってくれれば本望だ。

テレビ出演や取材活動の縁で、スピードスケートの小平奈緒さんやAC長野パルセイロ・レディースの選手たちと交流する機会もあった。小平さんは、競技は違ってもアスリートとして根底に流れているものは同じだと共鳴することができたし、トップチームとレディースチームが隣り合わせのグラウンドで練習し、それを育成年代の子どもたちが見ているパルセイロの環境も素晴らしいと思った。

松本山雅とパルセイロは言わずと知れたライバルだ。信州ダービーではお互いの誇りを懸けてバチバチにぶつかり合えばいい。ただ、小平さんもパルセイロも、同じ信州を舞台に信州のために何かできないかと活動している同志とも言える。

僕の母は松本生まれだけれど、幼少期を飯田で過ごしていて、今でも南信には親戚が多い。子どもの頃はよく、家族で高遠にお花見に出かけた。そんなエピソードを、飯田や駒ケ根を訪れた時に披露したら、足を運んでくれたファンやサポーターの皆さんは僕のことを一気に身近な存在だと感じてくれたようだ。

僕だからできること、伝えなければいけないことがあるのではないか。そう信じて行動することが、今の僕の使命だと思っている。

流儀　霜田正浩

強いメンタル―言葉の力で

時代とともに「体育」から「スポーツ」への置き換わりが進んでいる。同様に精神力の表現も「気合」や「根性」から「メンタル」に変化し、定着している。僕なりに解釈すれば、メンタルとは"心構え"。「楽しい」や「うれしい」、「悔しい」や「悲しい」は感情の一部で、感情とメンタルは同じではない。メンタルは人間の力でチューニングできるものだと思っている。

5月にAC長野パルセイロとの信州ダービーに敗れた。いまだにはらわたが煮えくり返るような悔しさがあり、負けて改めて松本山雅の監督になったと実感が湧いた。しかし、シーズンは僕の感情なんてお構いなしに進んでいく。悔しいからと言って立ち止まり、やるべきことをおろそかになんてできない。感情を踏まえた上で目の前のやるべきことに集中する。それこそがメンタルの力だろう。

気合や根性は感情に近い。負けられないライバルとの一戦や、ゴール前のぎりぎりの攻防に気合と根性で立ち向かうことも確かに必要だ。しかし、それだけでは望んだ結果を手にすることは難しい。サッカーには認知、判断、実行という三つの要素が必要で、それらを発揮するためには冷静さと平常心が必要になるからだ。

感情もメンタルも、目には見えないし数値化もできない。でも、見ている人たちには伝わるし、指導者という立場の僕たちは言葉の力で選手のメンタルにアプローチできると思っている。

僕は松本山雅の監督に就いて、「誰かがミスをしても味方がカバーをすれば、それはミスでなくなる」と繰り返し選手たちに伝えてきた。ミスを恐れてトライすることをやめたり、ミスを引きずっ

たりしてほしくないからだ。

サッカーはミスを前提としたスポーツだが、それをカバーしてくれる味方が10人いる。ミスした後の感情にとらわれていたら、次に正確な判断ができないし、躍動感も生まれない。ミスをミスでなくす心構えをチームに植え付けたいと思い、言葉でアプローチしている。

「毎試合、複数得点を狙おう」とも言い続けてきた。4月の北九州戦は前半の早い時間帯に失点したが、同じピッチレベルで試合を見つめていて、選手たちから「大丈夫だ」という雰囲気が伝わってきた。それは「2点取る」という心構えができていた証拠で、実際に（小松）蓮のハットトリックと（村越）凱光の直接FKで4点を奪って逆転勝ちした。

球際で勝つ、体を張るという泥くさいプレーに、「怖い」といった感情や「逃げる」という選択を持ち込んではいけない。本気でボールを奪いにいく、勇気を持ってぶつかっていく、そういうメンタルにチューニングする習慣を身に付けた選手が球際で勝ち、体を張ることができる。

勝てる試合を勝ちきれなかったり、自分たちのミスで招いた失点で試合を落としたり、僕たちに期待してスタジアムに足を運んでくれる皆さんに申し訳ない試合が続いている。それでも僕は、選手たちをうまくし、チームを強くするための取り組みを絶対にやめない。シーズンの最後に一番高いところに立っていられるようにチームを成長させ続けたい。その強い気持ちと姿勢を毎日持つことが、僕のメンタルを支えている。

（6月6日本紙掲載）

1-1
松本山雅　　愛媛

執念でドロー
最後まで逆転狙う

後半28分、頭で同点ゴールを決める野々村

前節から先発3人を入れ替えた。12試合ぶりに先発した喜山が安東とダブルボランチを組み、センターバックは橋内に代えて野々村が5試合ぶりに先発。2試合ぶりに先発復帰した村越が3トップの右に入る4-3-3で臨んだ。

前半35分、相手ファウルに激高した村越が一発退場となり、数的不利での戦いを強いられた。後半10分に自陣で奪われたボールから先制を許したが、同28分に菊井の右FKを野々村が頭で決めて同点に。終盤の好機を生かせず勝ち越し点は奪えなかったが、劣勢の展開で勝ち点1をつかんだ。

勝ちに等しい引き分け

霜田監督｜十分に勝つチャンスはあった。勝ちに等しい引き分けだと思う。こういう気持ちのこもったゲームをホームでは毎試合やりたい。ここに勝ち点3がついてくるチームになれると信じている。選手たちが勇敢に気持ちを切らさず、途中から出た選手も最初から出ていた選手もチームのために戦ってくれた。(数的不利になっても)武器のセットプレーで必ず点が取れると思っていた」

高ぶった気持ちが一線を越え、前半35分に村越が一発退場の判定を受けた。「マイナスを乗り越えなきゃという思いが力になった」とパウリーニョ。数的不利の中で先制を許す厳しい展開を強いられたが、ピッチに残った10人の気持ちがぎりぎりまで高まったチームは、このまま終わらなかった。

後半28分、途中出場の榎本がドリブルで仕掛けたところを倒され、右サイドの好位置でFKを得た。「(ハーフタイムに)セットプレーで決めるという指示があった。キッカーとして責任を持って蹴った」と菊井。右足から柔らかなボールを送ると、大外から走り込んだ野々村が打点の高いヘディングで豪快にたたき込んだ。

J2昇格を争う愛媛相手に引き分けでも悪くない状況だったが、ここから選手たちは勝利への執念を見せた。34分の相手の決定機を村山がビッグセーブ。ゴール前を固めて愛媛のクロスをはね返し、長短のパスを使い分けてボールを前進させる試合運びは、どちらが数的不利か分からないほどだった。

鈴木や小松、榎本が終盤の決定機を生かせず、押し込みながらも同点のまま試合終了の笛が鳴った。「勝てた試合。悔しさを忘れないようにしたい」と榎本。最後まで勝利を追い求め、雨でずぶぬれになったサポーターと一つになって戦った選手たちを、霜田監督は「誇りに思う」と評価した。順位は下がったが、首位との勝ち点差は6から5に詰まった。

後半39分、琉球のスレイ（35）に同点ゴールを決められる

2 - 1
琉 球　　松本山雅

痛恨の逆転負け 守備ほころび連続失点

後半39分からの連続失点で逆転負け。星の落とし方は痛恨だが、90分間をトータルで見れば妥当な結果だろう。ボールも人も動かず、カバリングや連動したプレスといった守備の約束事も不徹底。村山は「やるべきことをやらなかったから、負けるゲームにしてしまった」と怒りで唇を震わせた。

右から左に展開し、相手の背後を取った滝のクロスに菊井が詰める。前半2分の先制点は鮮やかだった。しかし、「それで省エネに走ってしまった」と滝。前線と中盤とで守備の強度に温度差が生まれ、奪ったボールを保持するのかシンプルに前に送るのかの狙いもばらばらに。相手の決定力不足に救われていたが、劣勢の展開が続いた。

後半38分、脚がけいれんした野々村に代えて橋内を投入。その1分後のロングボールを橋内がはね返せず、カバリングも遅れたゴール前を崩されて同点ゴールを許した。「誰も悪くない。僕が悪い」と橋内。45分にはFKの流れから試合をひっくり返された。

「練習でやっていることを、なぜ本番で出さないのか」と村山。「練習の強度もレベルも去年より下がっている」と菊井。自分たちに向けた厳しい見方は、これまでとは比べものにならないほど強く、怒気を含んでいた。

攻撃も守備も、チームが目指す方向性は明確で、1月の始動からぶれていない。足りないのは、それを遂行する意識と姿勢、そして勇気なのかもしれない。

前節から先発3人を入れ替えた。6試合ぶりに先発した藤谷が右サイドバックに入り、ボランチは安東に代えてパウリーニョを起用。出場停止の村越に代わり榎本が3トップの右に入る4-3-3で臨んだ。特別指定選手の樋口が初めてベンチ入りし、後半に途中出場した。

前半2分、左サイドを破った滝のクロスを菊井が右足で合わせて先制した。その後は劣勢の展開を何とか耐えていたが、後半39分にロングボールの処理を誤った流れから同点ゴールを許し、同45分にはFKの流れから琉球の阿部に勝ち越し点を決められた。

後半、ゴール前に迫るも阻まれる菊井（中央）

外に逃げてしまった

霜田監督「遠い沖縄の地まで来てくれた（約300人の）サポーターに勝ち点3を届けられない悔しさがある。自分たちがやりたいサッカーを相手にやられてしまった。まだまだ僕の力不足。守備はプレスがかからず、相手のボランチに自由にやられた。中の人間がボールを受けなければいけないし（パスを）つながなければいけないが、簡単に外に逃げてしまった」

1-2

松本山雅　福島

前節から先発2人を入れ替え、国分が3トップの右で初先発。2試合ぶりに先発復帰した安東が喜山とダブルボランチを組む4-3-3で臨んだ。

前半4分、下川の左クロスを小松が頭で決めて先制した。しかし、その後は相手に主導権を握られ、同37分に福島の右FKから失点。後半は攻勢に転じたが勝ち越し点を奪えず、43分にスローインの流れから2点目を奪われた。

前節と同じような試合

霜田監督「前節と同じような試合をやってしまったのは全て監督の責任。(失点は)セットプレー2発だけれど、決めるところをちゃんと決めなければこうなってしまう。選手たちは戦ってくれたが、ボールを欲しがる気持ち、つなぐ気持ち、相手ゴールに飛び込んでいく気持ちを出させてあげられていない。もっと勝負強さをチームにもたらさなければいけない」

開始直後に先制し、終了間際に勝ち越される。前節の写し絵のような展開で2連敗した松本山雅に勝負強さは感じられない。2桁順位に転落し、首位との勝ち点差は今季最大の10に。安東は「上を気にする差ではなくなってきた。一試合一試合、勝ち点を積むしかない」と厳しい現実を受け止めた。

立ち上がりから押し込み、攻勢のまま迎えた前半4分に下川のクロスを小松が頭でたたき込んで先制した。3連敗で下位に沈み、今節を前に監督交代に踏み切った福島の戦意をそぐ理想的な入りだったが、そうはならなかった。

プレスを受けたら長いボールを蹴り、そうでなければ丁寧につなぐ福島の戦術が整理されていたのに対し、松本山雅は奪ったボールをすぐに失う悪癖を露呈した。ピッチ内で修正を図り、菊井が組み立てに参加することで好転する兆しはあったが、前半37分に自陣左で与えたFKから失点。菊井は「あの時間帯は(失点)ゼロが鉄則」とため息をつく。

同点のまま後半43分。福島のロングスローに備えていた松本山雅の裏をかいて小さくつながれると、立ち遅れた隙を突かれて失点。村山の再三にわたる好セーブも、菊井が左サイドから演出した決定機も、それが勝利につながらなければ意味を失うのが勝負の世界だ。

「今は自信を失っているのか、リズムが悪くなってしまっている。何かを変えなければ」と話した霜田監督。シーズン折り返しを前に、チームは岐路に立たされている。

後半、ゴールに迫る滝(左)。ゴールにはならなかった

2試合連続で逆転負けし、険しい表情を見せる選手たち

勝負強さ欠き 2戦連続逆転負け

後半36分、チーム3点目のゴールを決める渡邉

3-0

松本山雅 ― 八戸

前節から先発2人を入れ替え、新戦力の安永を先発起用。コンディション不良の小松がメンバーを外れ、9試合ぶりに先発した鈴木をワントップに置く4-3-3で臨んだ。
前半19分、相手を引きつけた菊井からのラストパスを滝が右足で決めて先制。後半33分に相手のミスから鈴木が追加点を奪うと、同36分にはロングボールに抜け出した渡邉が3点目を決めた。

時間帯は異なるが、3試合連続で前半に先制した。逆転負けした過去2試合と違ったのは、そこからギアを下げなかったこと。松本山雅は強度の高いプレスをかけ、奪ったボールを動かし、攻撃を仕掛け続けた。久々に表現した今季のスタイルから3得点で快勝。「こういう力を持っている」と振り返った霜田監督の顔にも明るさが戻った。

J2水戸から期限付き移籍で加入し、18日に合流したばかりの安永をボランチで先発起用。そこに食いついてきた相手の圧力を利用し、最終ラインから効果的な縦パスを前線に次々と差し込んだ。主導権を握ったことで選手の距離感も良くなり、攻守の切り替えもスムーズに。前半19分、安東のプレスが相手のパスミスを誘い、菊井と滝で崩しきって先制した。

得点ランクトップの小松がコンディション不良で今季初めてメンバー外に。エースを欠く中、代わりに先発した鈴木が後半33分に、3試合ぶりにベンチ入りした渡邉が同36分にゴールを決めた。松本山雅での初得点に「やっとスタートできた」と渡邉。FWにとって次へのエネルギー源にもなるゴールが、チームの力になれば心強い。

シーズン前半戦の19試合を終えて勝ち点28で暫定6位。「1試合当たり勝ち点2」という昇格ラインの目安に照らせば、勝ち点10の負債を抱えて後半戦に臨まなければならない。「勝負強い松本山雅を見せることができれば、優勝できる力はあると思っている」と菊井。巻き返すための武器は、自分たちの手の中にある。

前半19分、先制ゴールを決めた滝

3発で快勝 前半に先制しギア

後半33分、チーム2点目のゴールを決める鈴木（右）

まだ強くなれる

霜田監督「これだけ多くのサポーター（9835人）が来てくれた。感動させる試合をやろうと入った。今日は攻守にわたってやりたいことを選手が具現化してくれて、複数得点を取って無失点で終えるゲームができた。（シーズン前半戦は）予想より勝ち点は低いが、この半年で成長したものはとても大きい。後半戦もまだ強くなれる、うまくなれる。その希望を捨てる必要はない」

絆 田中隼磨

指導者として何を目指すか

（4月26日）

　小さい時、カズさん（三浦知良）やマラドーナのプレーを見て参考にしていた。でも、「こういう選手になりたい」と思ったことはなかった。指導者を目指す今も気持ちは同じ。現役時代は何人もの素晴らしい監督から指導を受けながら、「自分が監督だったらどうするか」と常に考えていた。だから、指導者としての理想像も描いたことがない。

　横浜Mでプロになって初めて指導を受けたのは、アルゼンチン代表の央雄だったノルティレス。その後も岡田（武史）さんやピクシー（ストイコビッチ）に教わり、日本代表ではオシムさんの指導に接した。松本山雅ではソリ（反町康治）さんから大きな影響を受けた。気になった指導方法は、いつか指導者になる時のためにノートに書き留めておいた。

　指導者にはそれぞれ特徴があって、みんな違う。名古屋に所属していた時、監督だったピクシーは練習で主力選手に激しいスライディングタックルをした若手を猛烈に怒ったことがある。「主力がけがをしたら誰が責任を取るんだ。今すぐ出ていけ」と。日本人には「練習で100%やらなければ試合で力は出せない」という考え方の指導者が多い印象だが、ピクシーは「試合で100%やれ」という考え方だった。

　松本山雅で6年間、一緒だったソリさんからは、練習で常に100%を求められた。お互いに分かり合えていたからこそ1対1で話をする機会はそれほど多くなかったけれど、ソリさんも、ピクシーも、それぞれのやり方で結果を残している。

　かつては、指導者による体罰や選手間の不適切な上下関係をよく耳にした。でも、指導者も選手も時代の流れとともにアップデートしなければいけない。かつてのような指導方法で、今の松本山雅の若い選手に接したところで何も響かないだろう。僕が指導者を目指す上で、これまでの経験が邪魔にならないように、一方で選手時代の経験をどう生かしていくか。成功も失敗も紙一重だと思っている。

　理想像を持たない僕がどんな指導者を目指すのか。まだ僕にもはっきりとしたものは見えていないけれど、現役時代にずっと大切にしてきた「戦う気持ち」「最後まで諦めずひたむきにプレーする姿勢」は忘れてはいけないと思う。そして、もう一つ。クラブやチーム、僕自身が掲げるテーマを具体的に伝え、それを選手たちがピッチで表現できるような指導者でなければいけないと思っている。

　昨季の松本山雅のスローガンは「原点回起」だった。では、その原点は何か。僕の思い描く原点と、1年目の若手が考える原点はきっと違う。それを教えられる指導者になりたいと思う。

Jリーグ30年の歩みとともに

（5月30日）

　1993年5月15日に開幕したJリーグが30周年を迎えた。開幕戦をテレビで見て「かっこいいな」と思ったけれど、野球少年だった小学5年生の僕にとっては人ごと。僕は父とともにプロ野球選手になる夢を追いかけていた。

　6年生になって肩を痛めて野球を続けられなくなった僕は、次の目標にプロサッカー選手を選んだ。Jリーグができたことで、松本で暮らしていた僕のところにも情報がたくさん入ってきて、目指す場所を具体的に思い描くことができた。Jリーグがなければ、僕はプロサッカー選手を目指していなかったかもしれない。

　今と当時との決定的な違いは、身近にJリーグクラブがあるかないかということ。松本山雅がJ2に昇格した2012年に信州にもJクラブが誕生したけれど、それまで県内にはアマチュアチームしかなかった。だから僕は、地元の高校には進学せず、横浜フリューゲルスの育成組織に加入してプロを目指す道に進んだ。

　Jリーグの試合を初めてスタジアムで観戦したのは高校1年の9月。フリューゲルスとマリノスの横浜ダービーで、5万人以上の観衆で埋まっていた。フリューゲルスにはヤットさん（遠藤保仁）がいて、マリノスにはシュンさん（中村俊輔）がいた。そうそうたるメンバーが勢ぞろいだったけれど、テレビを通して見ていたのとは全く違う感覚で僕はスタンドに座っていた。

　ヤットさんとはフリューゲルスの寮で一緒に生活していた。お風呂も洗濯も一緒。そんな身近な人がプロとして目の前の大舞台で活躍しているのを見て、僕は観客目線ではなく、「一刻も早くあの舞台に立ちたい」という思いをたぎらせながら試合にくぎ付けになっていた。

　そのシーズン限りでフリューゲルスは消滅し、マリノスに吸収合併されることになった。僕はマリノスの育成組織に移籍することができたけれど、仲間の多くは別の高校に転籍したり、夢を諦めて地元に帰ったりするしかなかった。身近にJクラブがあることがどれだけ大切か。Jリーガーになる前から、僕にとってJリーグは人生を左右する大きな存在だった。

　松本山雅は今季、Jリーグで12年目のシーズンを迎えている。生まれ故郷に誕生したJクラブに31歳で加入して、9年間プレーできたことは幸せだった。

　その9年間で2度もJ1の景色を見た松本山雅は今、地域の皆さんからの期待に応えられない時間が続いている。だからといって、この地域から松本山雅というクラブがなくなってしまったり、松本山雅への期待や関心が消えてしまったりしたら、かつて僕が経験したようなつらい思いを地域全体が味わわなければいけなくなってしまう。

　Jリーグの30年間と歩みをともにしてきた僕に何ができるのか。考え、言動で示していくことが僕の役割だと思っている。

流儀　霜田正浩

日々の刺激を仕事に変換

オフの日は、映画を見たり本を読んだり。松本に来てからは、温泉に出かけて露天風呂でゆったりとお湯につかる機会にも恵まれている。それらが"趣味"かと問われれば、少し違うかも。時間を気にせずリラックスできていることは間違いないが、頭から試合のことが離れないからだ。

数年前に見た『女神の見えざる手』という米国映画が印象に残っている。政治や選挙を舞台に暗躍する女性ロビイストが主役で、「敵の動きを予測」「相手の先手を打つ」「絶対に勝たなければいけない」など、サッカーの試合にも通じるキーワードがいくつも登場する。具体的なシナリオや結末への言及は控えるが、映画を見終えた最初の感想は「監督は最初からこの結末を用意していたのだろうか」というものだった。

同じ監督でも、映画とサッカーとでは違う。決定的に違うのは、前者はシナリオがあり後者にはないことだ。それでも、観衆を引きつける物語を作り、感動や感情を共有するという作業は、似た仕事とも言える。僕は映画を見たり物語を読んだりしながら、その作り手に思いを巡らせ、刺激を受ける。

人と会って語り合うことも好きだ。先日は、かつて松商学園高で監督を務めた大出裕之さんと久しぶりに会い、お酒を酌み交わした。大出さんは、20年前に受講したS級コーチライセンスの同期。ラモス瑠偉さんや長谷川健太さんらそうそうたるメンバーの同期の中で、僕が最年少、大出さんが最年長ということもあって親しくなり、いまも親交が続いている。

大出さんから松本の話を聞きながらサッカー談議をしたり、お店の方やご一緒した他のお客さんと接したりする中で、松本の地域性や人間性を肌で感じることができた。7月1日の愛媛戦は、大雨にもかかわらず5000人を超えるサポーターがホームスタジアムに足を運んでくれた。あの一体感は、あの場にいた者にしか分からない。人間を知り、地域を知ることで、いま僕が背負っているものを知ることができる。

監督という仕事にはゴールも正解もない。先が見えない。だから楽しいし、全力を尽くしたいと心から思う。監督は、勝ったらチームをさらに勝たせたくなるし、負けたら全ての責任を感じる。だからこそ日々の練習とミーティングで選手にアプローチするプロセスに全力を尽くすのみ。監督としての僕の言葉に説得力を持たせるためには、選手の何百倍も努力をしなければいけない。試合をする前から勝利を約束することはできないけれど、勝つためにどうするか、ミーティングで何を伝えるか。考え、準備することが僕がすべき全てだ。

その努力の一つが、アンテナを広く張るということ。サッカーとは直接関係のない分野からでもヒントや刺激をもらい、監督という仕事に役立つように変換する。どうすれば僕の言葉が選手の心に刺さるか、バックヤード（裏方）はどんな準備をしているのか、若手もベテランも関係なく選手をうまくさせるためにはどうしたらいいか。そんなことばかり考えている僕の思考は"職業病"だと指摘されてしまうだろう。でもこの仕事に誇りを持っているし、どうしても松本山雅を強くしたいから、僕はそれでも構わない。

（7月12日本紙掲載）

フィールド 〈前半戦〉

ホーム白星ならず

菊井 悠介

鳥取と対戦したホーム戦（4月2日）。今季ホーム初勝利を目指すチームはFW菊井悠介ら攻撃陣が14本のシュートを放つも決めされず、2試合続けての引き分け。詰めかけた0000人を超えるリポーターに、待望の勝利を届けることはできなかった。

同点ヘッド

榎本 樹

沼津と対戦した4月16日のホーム戦。4試合ぶりに先発した榎本樹は前半24分にFW小松蓮のゴールをアシスト。同43分には自ら頭で同点弾を決めた。今季ホーム初勝利をサポーターに届けたかったチームだったが、3-4と逆転され今季初黒星を喫した。

勢い呼ぶゴール

村越 凱光

相模原と対戦したホーム戦（6月3日）。1-0で迎えた前半34分、FW滝裕太のクロスを大外にいたFW村越凱光が左足でゴール。今季3得点目を決めると跳び上がって喜んだ。勢いづいたチームは、後半にも3得点するなどゴールラッシュでサポーターを沸かせた。3点を返されて5-3と守りに課題を残したものの、約1カ月ぶりの勝利で連敗を止めた。

３連勝引き寄せる先制弾

滝 裕太

讃岐とのホーム戦（6月17日）。3連勝を目指す松本山雅は前半38分、FW 村越凱光のパスを受けたFW滝裕太が鮮やかに先制ゴールを決めた。後半15分にはFW小松蓮が頭で押し込み5試合連続のゴール。守備陣も最後まで体を張った守りで、2試合連続の零封に成功した。

後半戦へ弾みの白星

渡邉 千真

八戸と対戦した7月22日のホーム戦。5試合ぶりの勝利を目指すチームは3−0で快勝。シーズン前半戦の最後の試合で白星をつかみ後半戦に弾みをつけた。試合終了後、選手たちはサポーターと勝利を喜び合い、チーム3点目のゴールを決めたFW渡辺千真は拳を突き上げてサポーターの祝福に応えた。

開始早々先制したが

小松 蓮

ホームで福島と対戦した7月16日。連敗を避けたい松本山雅は前半4分、DF下川陽太のクロスをFW小松蓮が頭で決めた。幸先よく先制点を奪ったチームだったが、同37分に同点に追いつかれると試合終了間際に勝ち越しゴールを許し、2試合続けての逆転負け。試合終了後、険しい表情を見せる監督、選手たちに一部のサポーターから野次が浴びせられた。

後半43分、先制ゴールを決めて喜ぶ小松（中央）

後半43分、先制ゴールを決める小松

1-1

愛 媛　松本山雅

首位を上回る内容
小松先制ゴール

攻勢を強めながらスコアを動かせず、0-0のまま残り15分を切った。松本山雅の総失点の4割以上を占める課題の時間帯。後半43分、相手陣で奪ったボールを最後は小松が左足で仕留め、首位愛媛を相手に勝利をぐっと引き寄せた。

しかし、このままゲームを締めることはできなかった。後半47分に小松に代えて篠原を投入。守りを固めて逃げ切りを図ろうとしたが、直後に自陣左サイドを崩されて同点ゴールを許した。「自分の判断ミスで起点をつくられた。自分の責任で勝ち点2を失った」と喜山。勝ち点1を分け合う形になったが、勝負強さが備わっていたのは愛媛の方だった。

こぼれ落ちた勝ち点は戻ってこない。それでも、その勝ち点を残り18試合で取り戻せる希望が、この日の90分間には詰まっていた。ハードワークで相手を上回り、意図的に奪ったボールを丁寧に動かしながら何度も相手ゴールを脅かした。「このサッカーを続けていけば負けない」と振り返った安永の言葉も大げさに聞こえない。

「限りなく勝ちに近いゲーム。でも勝てなかったことが、この順位にいるということ」と安東。それは悲観でも自虐でもなく、現状に対する冷静な見立てだろう。後半3分に微妙なオフサイド判定でゴールを取り消された小松は「それに屈せず(後半43分に)1点取れたことは成長。もっとクオリティーを上げられればチームを楽にできる」と前を向く。チームには今、上向きの風が吹き始めている。

小松が2試合ぶりに先発復帰。3トップの右に菊井、左に滝が入る4-3-3で臨んだ。

前半は松本山雅が攻勢を強め、後半は愛媛が盛り返す展開。0-0で迎えた後半43分、高い位置で奪ったボールを最後は小松が左足で決めて先制した。そこから篠原を投入して逃げ切りを図ったが、同47分に自陣左サイドを崩されて失点。土壇場で追い付かれ、勝ち点3を取れなかった。

力は示した。半歩前進

霜田監督「遠くまで来てくれた(約250人の)サポーターにちゃんと勝ち点3を届けたかったので残念。ただ僕らの力はちゃんと示すことができた。次につながる、後半戦の一発目としては非常に良いゲームができた。最後まで我慢比べが続いたが、小松が素晴らしいゴールを決めてくれた。そこで守り切れなかったことが僕らの力のなさだと思っている。それでも最後まで戦ってチャンスもつくったので、半歩前進」

上位4チームが白星を積めず足踏みした今節。勝てば昇格ライン
に近づける絶好機で松本山雅は敗れた。直近2試合の好調がうそ
だったかのように精彩を欠いたまま試合終了。選手たちは膝に手を
付き、芝生を拳でたたき、痛恨の敗戦に打ちひしがれた。

　攻撃のリズムが生まれない松本山雅とは対照的に、速いテンポで
ボールを動かす鳥取に主導権を握られた。前半17分、相手のゴール
キックに野々村が競り負け、数的不利の状況をつくられて先制を許
した。同37分には自陣右からのクロスで2失点目。野々村は「一瞬の
隙を消していかなければ勝ち点1も取れない」と自戒する。

　最初の失点は、ゴールキックではなく松本山雅のCKが与えられ
るべきで、2失点目の直前にはGK村山が相手からファウルを受けて
いるようにも見える。霜田監督は「レフェリーのことは言いたくない
が」と前置きした上で「微妙なレフェリングが失点に結びついてしま
う」と珍しく判定に言及。選手たちが不満を漏らさず、最後まで戦う
姿勢を示したことを評価した。

　「レフェリーも人間なのでミスをする。それ以上のものを出さない
といけない」と滝。「2点目を取れなかった自分たちに矢印を向けて
反省しなければいけない」と霜田監督。後半にかけて押し込んだ割に
はシュート計6本と攻撃を完結できておらず、藤谷は「細かいところ
にこだわらなければ」と唇をかむ。

　「もう負けられなくなった」と菊井。「残り全部勝つつもりでいかな
ければ昇格は厳しい」と野々村。その言葉が、松本山雅の現在地だ。

アイデアが足りない

霜田監督「ボールは持つけれどクロス一辺倒で攻撃が単調になり、
変な失い方をしてカウンターを食らう繰り返しを90分間やってし
まった。どうしても3点取りたかったので（後半途中からシステム
を変えて）リスクを負いながら押し込んで狙い通りのゲームがで
きたが、最後のクロスの質や突破のアクション、アイデアが足りな
かった。もっと走れるように強くならないといけない」

後半23分、FKを決めた菊井（右）

　2試合続けて同じ先発メンバー。立ち上がりから攻守で精彩を欠いて鳥
取に主導権を握られると、前半17分に野々村が競り負けたボールを鳥取
の富樫に決められ先制を許した。同37分に追加点を許した松本山雅は後
半23分、FKを菊井が右足で直接決めて1点差に迫ったが、そのままリー
ドを守り切られた。

主導権握られ　前半に痛恨2失点

鳥取に敗れ険しい表情を浮かべる選手たち

第21節　8/5　Away

2-1

鳥　取　松本山雅

後半18分、決定機を逃して悔しがる國分

遠のく昇格争い 序盤圧倒も決まらず

第22節 8/12 Home

0 - 1

松本山雅　　富山

前節から先発2人を入れ替えた。米原が今季初先発し、國分が3試合ぶりに先発復帰。米原は安永とダブルボランチを組み、國分が3トップの右、鈴木が左に入る4-3-3で臨んだ。

立ち上がりから主導権を握ったが、國分が前半32分と後半18分の決定機を外して先手を取れずにいると、同21分に米原のパスミスから招いたカウンターを富山の大野に決められた。その後は3バックに変更して反撃を狙ったが、攻撃の形をつくれず7試合ぶりの無得点で敗れた。

歯を食いしばって次へ

霜田監督「自分たちがやりたいことができた前半で点が取れなかった。決定的なチャンスをつくるけれど決められなかった。ミスでカウンターから失点してしまった。避けては通れない道だと思うが、前を向いてファイティングポーズがとれるかどうかにかかっている。歯を食いしばって、次の鹿児島を全力でたたきのめせるように1週間ちゃんと準備したい」

同じ相手に2度敗れ、今季4度目の2連敗。ついに負け数が勝ち数を上回った。J2昇格ラインとの勝ち点差は11に拡大。昇格争いはもはや遠い世界の出来事になった。夏休みのホームには今季最多の1万1431人。それぞれの悲しみや怒りがため息となって、松本の夜空に吸い込まれた。

序盤から攻守で富山を圧倒した。ロングボール主体の相手に腰を引かずにプレスをかけ、中と外を使い分けた攻撃で相手ゴールに迫り続けた。ハイライトは2度。前半32分は鈴木の左クロスに國分が飛び込み、後半18分にも鈴木のラストパスを受けた國分が相手のマークを外して左足で狙ったが、どちらもシュートは枠の外。直後の21分、自陣で米原のパスミスが相手に渡ると、常田に当たってコースが変わったシュートが不運にも枠内に転がった。

「チャンスで考えすぎたり、左足の精度が低かったり…。逃げずに課題と向き合いたい」と國分。米原は「拮抗（きっこう）した試合では簡単なミス一つでゲームが終わってしまう」と責任を背負い込んだ。

小松のゴールがオフサイドの判定で取り消された第20節の愛媛戦と、2失点目の直前に村山へのファウルが見逃された第21節の鳥取戦について、松本山雅はJリーグに意見書を提出。ともに誤審だったとの回答を得たという。その試合も、この日も、失った勝ち点は戻ってこない。「応援してくれる人が一人でもいる限り諦めない」と村山。ここからはい上がる力が残っているか。

53

後半10分、小松(19)が追加点のPKを決めて菊井と喜ぶ

両翼が躍動
上位に価値ある1勝

第23節 8/19 Away

0 - 2

鹿児島　松本山雅

前節から先発1人を入れ替え、FC東京から期限付き移籍加入したばかりの野沢を3トップの右で起用。米原と安永がボランチを組む4-3-3で臨んだ。

前半13分、右サイドからカットインした藤谷が左足で決めて3試合ぶりに先制点を奪った。後半10分には下川が倒されて得たPKを小松が決めて追加点。鹿児島の攻勢を受ける時間帯もあったが、最後まで集中力を切らさず4試合ぶりの無失点でリードを守り切った。

前半、シュートを止めるGK村山(中央)

ここから勢いを出す

霜田監督「今日は勝ちたい気持ちをプレーの随所に見せてくれた。慢心することなく続けていきたい。今まで上位と良い試合をしても勝ち点が取れなかった。今日もピンチはつくられたが体を張ってしのぎ(失点)ゼロに抑えて、そして複数得点が取れた。ここから勢いを出して目の前の相手を一つずつ倒していく。上がどうなるか分からないが、自分たちにフォーカスして勝ち点がついてくる試合を残り全部やりたい」

前半13分、先制ゴールを決める藤谷

　わずか1勝では上位の背中が見えてこないように、立ち位置の厳しさは変わらない。それでも、「諦めない」（藤谷）という姿勢を示すためには価値ある1勝だった。昨季は最後まで昇格を争い、過去3戦全敗だった鹿児島にアウェーで快勝。霜田監督は「魂のこもった試合をしてくれた」と声を上ずらせた。

　シーズン後半戦に入り、主導権を握りながら勝てない試合が続いていた。チームに吹く上昇気流を生かせずにいた要因の一つは両翼のパフォーマンス。藤谷も下川も低調な出来に「悩んでいた」（霜田監督）が、この日は2人が翼を広げ、何度も羽ばたいたことでチームを躍動させた。

　前半13分、左サイドでボールを受けた米原がサイドチェンジ。米原の意図を「アタッキングパス」と感じた藤谷はカットインを選択した。「相手は縦を警戒してきた。クロスも考えたが、思い切り打った」と25歳。味方が飛び込んで空けたスペースに持ち込んで左足で狙うと、17歳でJ1デビューして以来、プロ初ゴールを鮮やかに決めて試合を動かした。

　その後の守勢を無失点で耐えた選手たちは、ハーフタイムに「ボールをつないで自分たちの時間を増やそう」と修正点を共有。後半は再び流れを引き寄せると、8分に左CKの2次攻撃から仕掛けた下川がPKを獲得。これを小松が決め、相手の戦意をくじいた。

　「走りきって勝てた。自分の中で吹っ切れたものがある」と下川。守備でも奮闘した藤谷は「ここからも全員で勝ちにこだわりたい」と大粒の汗を拭った。

第24節 8/26 Home
1-1
松本山雅　今治

後半42分、村越（中央）がこぼれ球を押し込み同点に追いつく

　7月1日の愛媛戦で一発退場して2試合の出場停止処分を受け、処分明け直前に右足を負傷して戦線離脱した村越。「サポーターに申し訳ない。（その分）気持ちのこもったプレーを見せたい思いだった」と、後半16分から8試合ぶりのピッチに立った。雑なプレーが目立ち、試合勘も戻っていないように見えたが、強い気持ちがゴールに届いた。

　1点を追う後半42分、菊井が蹴った左CKを近いサイドの常田が頭で狙う。右ポストに当たって跳ね返ったボールは村越の足元へ。これを左足で決めた村越は「たまたま自分のところにこぼれてきたので押し込むだけだった」と苦笑いを浮かべつつ、「絶対に結果を出す気持ちが勝ち点1につながった」と言って大きく息を吐いた。

　後半26分、オフサイドの位置でパスを受けたように見えた今治のマルクスビニシウスに起点をつくられ、2年前まで松本山雅に在籍した阪野のゴールで先制を許した。「そこから同点に追い付いたのは、本当に少しだけれど成長している証拠」と菊井。目の前の試合も、苦しいシーズンも、誰も諦めていない姿勢は7000人超の観衆に伝わったのではないか。

　今季4度目の2連敗を喫した第22節の富山戦後、霜田監督は選手たちに「残りの試合の全部、勝ち点を取る」と強調した。強い決意であり、もう後がない危機感でもある。小松は「負けずに勝ち点を積んでいけば必ず差は縮まってくる。可能性がなくなるまで諦めないし、諦めないでほしい」と力を込めた。

　2試合続けて同じ先発メンバー。村越が8試合ぶりにベンチ入りし、後半16分から出場した。

　後半26分に今治の阪野に先制ゴールを決められ追う展開になったが同42分、菊井の左CKを常田が頭で狙い、右ポストに当たった跳ね返りに村越が詰めて同点に追い付いた。終了間際には滝がGKとの1対1に持ち込んだがシュートを阻まれ、土壇場での勝ち越しはならなかった。

逆転できず非常に悔しい

霜田監督「最後、逆転できず非常に悔しい。『勝ち点1でOK』『良いゲームができた』というのはもういらない。これをひっくり返せる強いチーム、強い選手、強い監督になりたい。残り試合は全部負けない、勝ち点を取り続けないと目標に届かない。勝ち点3の可能性があったので悔しいけれど、内容的には下を向くものではない。（村越の同点ゴールは）強い気持ちが乗り移った」

"絆" 田中隼磨

家族とのかけがえのない時間 （6月29日）

J1名古屋に在籍していた2013年の年末に松本山雅からオファーをもらった。他にも声をかけてくれていたJ1クラブがあったけれど、妻の久美子から「最初に松本山雅に会った方が良い」と言われた僕は、シーズンを終えた翌日に松本山雅のフロントの方と名古屋市内で会った。

自宅に戻って会談の内容を妻に話すと、「生まれ育った松本にプロの姿を示した方が良い。私たち家族も一緒に行くから」と背中を押してくれた。当時J2だった松本山雅より他のJ1クラブの方が好条件を提示してくれていたけれど、僕はJ1クラブの関係者と会うことはせず、松本山雅への移籍を決めた。

妻との間には高校1年生の鈴磨、中学2年生の琉磨、小学5年生の莉瑠と3人の子どもがいる。プロ選手だった時はもちろん、現役を引退した今も、僕にとって家族との絆は何にも代えがたい。現役時代の平日は練習、週末は試合。生活リズムも決まっていた。子どもの授業参観や運動会には顔を出せないことがほとんどで、自宅で妻とゆっくり話す時間も限られていた。現役を引退した今は、3人の子どもたちとグラウンドに出かけてサッカーをすることもあるし、子どもたちが寝た後に夫婦で時がたつのを忘れて話すこともある。僕にとっては大切な時間だ。

引退した僕が何をするべきか、これからどうしていったらいいか。僕の性格や考え方を熟知している妻は、うってつけの相談相手。後から聞いた話だけれど、名古屋から松本山雅への移籍を決めた時も、他クラブの話を聞いたら僕がそっちを選ぶかもしれないと考え、松本山雅の話を最初に聞くように促したのだと言う。きっと、日頃から僕が松本への思いを語っていて、僕が進むべき道を深く考えてくれていたからだと思う。

時間は有限だから、サッカーも家族もと欲張ったところで、できることは限られている。でも、きれいごとでも何でもなく、24時間を「100」だとしたら、僕はサッカーと家族とを「50」ずつみたいに分けて考えたことは一度もない。どちらも「100」。家族がいたからサッカーのパフォーマンスが上がったし、サッカーに取り組む僕を見て子どもたちも自然とサッカーボールを追いかけるようになった。

現役の最後は膝のけがに苦しみ、まともにサッカーができない時間が続いた。昨年11月の宮崎戦でクラブのJ2昇格が絶望的になって、次の最終戦まで1週間。進退について何も決めていなかった僕に対して、妻は続けた方が良いともやめてもいいとも言わなかったけれど、僕は妻と話して引退を決断した。

マツさんの思いをこれからも （7月31日）

マツさん（松田直樹さん）との最初の出会いは、高校1年から2年に上がるタイミングだった。横浜フリューゲルスが横浜マリノスに吸収合併されることになり、僕はフリューゲルスユースからマリノスユースに移籍。開幕前のキャンプでトップチームに帯同することになって、そこで初めてマツさんと同じグラウンドに立った。

マツさんは高校生の僕に対しても、練習でミスをすると「何やってるんだよ」と言ってくれた。そういう先輩は初めてで、僕はうれしかった。気持ちが強くて負けず嫌い。周りへの要求もちゃんと伝える。「次は同じミスをしないようにしよう」「この人に認められるように頑張ろう」。僕は自然とそう思うことができて、それまで以上に練習に身が入ったことを覚えている。

一緒にご飯を食べたり、洋服の展示会に連れて行ってもらったり。マツさんの家でサッカーのことを語り合うこともあった。自然とマツさんの周りには人が集まってきて、マツさんも仲間と一緒にいる時が一番楽しそうだった。

僕がプロになっても要求は厳しくて、時には理不尽なことも言ってくる。僕も黙っていられなくて、「そこまで言うのかよ」「今のはマツさんが悪いじゃん」って言い返すこともしばしば。すると、マツさんは「怒ってる時に"さん"付けしてるんじゃねーよ」って。高卒でプロになって、日本代表でも活躍していたマツさんの言動の全てが、僕にとっては新鮮で貴重だった。

ある日、フランス代表に大敗した日本代表の遠征から帰ってきたマツさんが、そのままマリノスのクラブハウスに直行して筋トレを始めたことがあった。先に筋トレをしていた僕が見ていると、「世界で戦うためにはトレーニングしないと駄目だ。いいか隼磨、後ろが大事なんだ」と言って背中や太もも裏、ふくらはぎの筋トレばかり。実は理にかなっていて、僕もその日のマツさんの影響で体の後ろ側の筋トレに力を入れるようになり、それが長く現役を続けることに役立った。

うわさには聞いていたけれど、まさか移籍するはずないと思っていた当時JFLの松本山雅にマツさんが加入したのが2011年。J1名古屋に在籍していた僕は開幕前の練習試合でマツさんに再会して、「おまえ、あんなに寒いところで生まれたのかよ。でも見てろよ。おまえらのこと抜いてやるからな」って。相変わらずの会話が、マツさんと話した最後になった。

その年の8月。マツさんは練習中に倒れて、そのまま亡くなった。練習着のまま集中治療室（ICU）で眠るマツさんに会いに行って、今にも起き上がりそうだと思ったけれど、マツさんは目を覚まさなかった。

14年に松本山雅に移籍した僕は、マツさんの背番号3を付けてピッチに立ち、マツさんの目標だったJ1昇格を果たした。ファンやサポーターの皆さんを代表して背番号3を付けてマツさんの思いをプレーで示した。現役引退し、背番号3のユニホームを脱いだ今も、その思いは何も変わっていない。

流儀 霜田正浩

ブラジルで広げた価値観

昔の話をしよう。僕は小学生の時に入っていたサッカークラブでブラジル人選手と交流があり、ブラジルに対する強い憧れがあった。うまくなるためにブラジルに行きたい、中学を卒業したらブラジルに行くんだ、と。ただ、時代が許してくれず、「高校くらいは行きなさい」という親の反対もあり、高校卒業を待ってブラジルにサッカー留学する道を選んだ。1985年のことだ。

同い年のカズ(三浦知良)のお父さんが現地での身請け人になってくれて、僕は1年間の留学ビザでブラジルに飛んだ。練習生とはいえ、憧れだったサントスの真っ白いユニホームを着る経験ができた。

日本と違い、当時の練習は午前中の1時間程度だけ。それだけでは物足りず、午後はサントスの海岸で現地の人たちに交じって日が暮れるまでボールを蹴り続けた。そこには、僕が日本にいる時からブラジルに抱いていたイメージ通りの景色が広がっていた。常に生活とサッカーが密着していて、国全体にサッカー文化が根付いていた。

だが、苦労も多かった。日本から届いた小包を受け取るために郵便局に出かけるのも、言葉が分からない僕は1時間くらいで到着できる距離を、乗り継ぎが複雑なバスで半日もかかってようやくたどり着けた。言葉を覚えたいと地方のクラブに移って寮生活を始め、ブラジル人と寝食を共にするようになると急速にポルトガル語が上達した。

バスも電車も時刻表通りには動かない。プロを目指して昨日まで一緒にクラブで練習していた選手が翌日にはいなくなっている。身の回りで起きること全てがカルチャーショックだった。ただそ

のショックが、僕がブラジル留学で得た一番の財産かもしれない。自分の価値観が全てではない。日本の常識や非常識が通用しない。自分の内側にあった壁がどんどん広がっていく感覚。キャパシティー(許容範囲)が広がっていった。

さまざまな人種がいて、日本人の僕も時には嫌な思いをすることもあったけれど、自分と違うということに対しておおらかな国であり基本的にみんな明るい。今でこそ多様性の時代と言われるけれど、それを僕は多感な10代の頃に経験することができた。

サントスでホペイロ(用具係)をしていた人は片腕がなかった。選手たちはその人を特別扱いせず、いじり、からかい、そして愛していた。そのホペイロも冗談を返しながら笑顔で器用にユニホームを畳んでいる。日本が先進国でブラジルは発展途上国と言われていた時代だけれど、果たして本当に進んでいるのはどちらだったのか。幸せの価値観とは何か。人として濃密な時間だった。

物事をオープンマインドで受け入れ、自分と異なる価値観も認める。固定概念にとらわれず正解や最適解を探す。留学ビザを2度延長して3年間を過ごしたブラジルで身をもって得た「何でもあり」という経験は、今のダイバーシティ(多様性)とつながり、僕の人格の底流にある。

携帯電話もネットもない時代。返事が1カ月後に届く友人たちからのエアメールと、盗まれないように寝る時も肌身離さなかったウォークマンが、僕のブラジル生活を支える大切な存在だった。

(8月10日本紙掲載)

前半、米原（奥右）がゴールを狙うも決められず

重すぎる10敗目
球際寄せられず

3試合続けて同じ先発メンバー。榎本が5試合ぶり、山口が今季初めてベンチ入りし、ともに後半から出場した。

前半12分に自陣右からのクロスで失点し、同20分にはロングスローの流れから追加点を許して2点を追う展開になった。同45分に得たPKは小松が止められたものの、同48分に野沢のゴールで1点差に。後半は押し込む時間が続いたが同点ゴールを決められず、終了間際に榎本のファウルで与えたPKから決定的な3点目を奪われた。

「質より量」。霜田監督は、FC大阪のスタイルをそう表現していた。質で上回って勝つという決意表明に聞こえたが、量に屈して敗れた現実が、その言葉を自分たちに突き刺した。

今節に向けた練習初日からセットプレーや球際の攻防を重視したメニューを組み、入念に準備してきたはずだった。しかし、「試合の入りからすごく緩かった」と村山。ボールに寄せず、体も張らなかった前半12分の失点に続き、同20分にはロングスローのこぼれ球に競り負けて連続失点。菊井は「あの2失点が勝負を分けた」と奥歯をかみしめる。

「相手の特徴を分かっていて弾けなかった自分の責任」と野々村。立ち上がりで後手に回った原因を問うと「分からない」とぶぜんとした。「できる選手たちだと思っている。なぜできなかったのか」と霜田監督。村山は、やるべきことや試合の重要性を分かっていながら、それを表現できないのならば「（試合に）出ない方がいい」と仲間たちに向けて厳しい言葉をぶつけた。

直近5試合で得た勝ち点はわずか4。この数字は、成績不振で監督交代に踏み切ったAC長野と変わらない。霜田監督が「もう一つも負けない」と宣言してから3試合目での黒星。この10敗目を、常田は「非常に重い」と受け止める。

質を高める代償として、かつて武器だった量を犠牲にしていいはずがない。優勝や昇格を口にする前に、まずは目の前の相手と戦い、勝つところからではないか。

のみこまれてしまった

霜田監督「（FC大阪のサッカーに）のみこまれてしまった。暑さもピッチコンディション（の悪さ）も向こうの戦術も最初から分かっていてやられたので何も言い訳できない。戦う、セカンドボールを拾う、競るところを突き詰めてやってきたつもりだが足りなかった。結果を出せなかったので悔しいし、サポーターに申し訳ない。目を覚まして残り試合、全部勝ち点を取れるように準備したい」

第25節　9/3　Away

3 - 1

FC大阪　　松本山雅

試合後、険しい表情で霜田監督（中央）の話を聞く選手たち

2-1

松本山雅　　琉球

踏みとどまる1勝
泥くさく見せた執念

掲示されたロスタイム「6分」を過ぎ、手元の時計は後半53分を回っていた。琉球にペナルティーエリア内で起点をつくられ、対峙したのは橋内。内側のコースを切りながらシュートを体で食い止めると、そこでタイムアップ。1点差を守り切って右拳を握ったガッツポーズに、スタジアムの歓声が呼応した。

押せ押せの前半は決定機の連続だったが、決めたのは村越が「意図しない形」と振り返った1点のみ。一転して後半の立ち上がりは出足が鈍り、12分にあっさりと同点ゴールを許した。それでも「自分たちのリズムでサッカーができていた。絶対に2点目が取れる」と霜田監督。その確信に、選手たちが応えてみせたのは後半34分だった。

前節からセットプレーの一つに組み込んだロングスロー。右サイドから村越が入れたボールを常田が頭で流すと、遠いサイドに詰めた菊井が頭で押し込んだ。「今日は勝ちたい気持ちがプレーに出ていた」と菊井。快勝しても不思議でない内容の試合を、不格好でも泥くさく競り勝ったことに価値を求めた。

10勝目到達のタイミングは、昨季より10試合、ちょうど2カ月遅い。それでも昇格ラインを視界の端に捉えている現状は幸運以外の何物でもない。「また紙一重で勝ち切るために小さいことから詰めていく」と菊井。橋内は残り12試合での逆転昇格に向けて、「勝っていかなければいけないことに変わりない。今日は今日、来週は来週」と表情を引き締めた。

前半34分、先制ゴールを決めて喜ぶ村越

後半終了間際、相手の攻撃を防ぐ橋内（13）

後半34分、勝ち越しゴールを決める菊井（15）

　10試合ぶりに先発した村越が3トップの左に入る4-3-3で臨んだ。前半34分、小松のシュートのこぼれを村越が右足で決めて先制。後半12分に琉球の野田に同点ゴールを許したが、同34分に村越のロングスローを常田が頭で流し、遠いサイドの菊井が頭で押し込んで勝ち越した。

勝ち点3以上の重み

霜田監督「良い試合だけではなく、勝ち点3を（サポーターに）届けられてうれしく思う。中からも外からも（相手守備ラインの）裏を取るテーマで練習してきて、それが形になった。（見ている人が）戦ったと感じてくれたら勝ち点3以上の重みがある。自分たちのサッカーをやって目の前の勝ち点を取り続けて、どこまで上に肉薄できるかというチャレンジを（シーズン）残り3分の1でしたい」

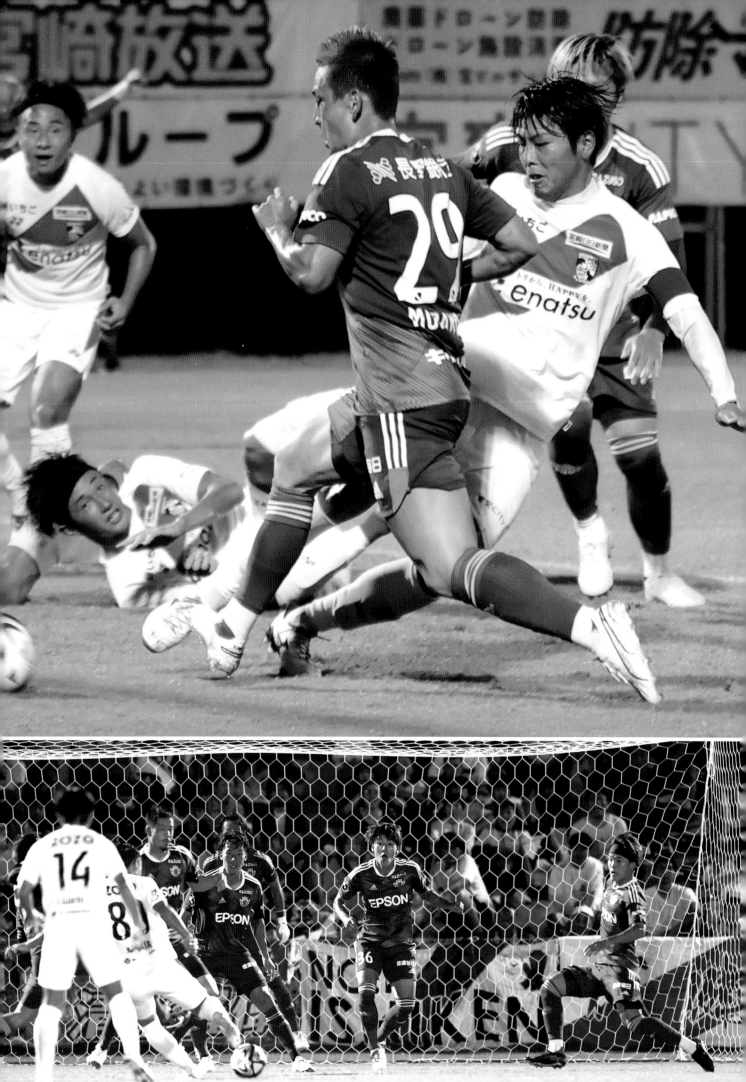

後半、相手のシュートを防ぐ守備陣

総合力で3ヵ月ぶり連勝
「代役」が持ち味

下川と藤谷の両サイドバックが負傷で欠場。両翼の主力を同時に欠く「緊急事態」(霜田監督)を救ったのは、代わりにピッチに立った新たな両翼だった。山本と宮部が攻守で持ち味を発揮し、3ヵ月ぶりの連勝に貢献。霜田監督は「総合力で勝ち切れた」と誇らしげだった。

攻めあぐねていた宮崎の守備ブロックを崩したのは前半33分。ボランチが高い位置を取って攻撃に厚みを持たせた展開からだった。左サイドで安永からのパスを受けた山本は「相手の守備がそろっていたので(小松)蓮君の頭に届ける意識」と左足で正確なクロス。これを小松が頭で狙い、GKとクロスバーに阻まれた跳ね返りを村越が押し込んだ。

「(山本は)練習から精度の高いクロスが来ていた」と小松。ボールの回転数が多くスピードも速い山本の特徴を意識し、村越の2試合連続ゴールをお膳立てしたシュートは秀逸だった。

攻撃力が特長の藤谷とは対照的に守備力が武器の宮部。「(失点)ゼロで終わることだけを意識した」と自分らしく貢献することに集中していた。後半36分、喜山が奪われたボールから発動した相手のカウンターを、数的不利の状況で粘り強く対応して決定機を阻止。今季は第9節の1度しかなかった1-0の勝利につなげた。

第22節を終えた時に11まで開いたJ2昇格ラインとの勝ち点差を4まで詰めた。ただ、ここで一息つけるほど状況が大きく好転したわけではない。「他がどうこうより、自分たちの連勝がつながっていけば上にいける」と村越。勝ちに飢えた目で2度目の3連勝を見据えた。

藤谷と下川の両サイドバックが欠場し、右は11試合ぶりに宮部、左は17試合ぶりに山本を先発起用した。前半33分、山本の左クロスを小松が頭で狙い、クロスバーに当たった跳ね返りを村越が右足で押し込んで先制した。追加点の好機を生かせず後半は守勢に回る時間が増えたが、最後まで集中力を切らさず4試合ぶりの無失点でリードを守り切った。

第27節 9/17 Away

0 - 1
宮崎　　松本山雅

前半33分、先制ゴールを決めて喜ぶ村越

前半33分、先制ゴールを決める村越(29)

目の前の敵、ボール、試合だけに集中

霜田監督「(目指すサッカーが)できなくても狙った形で点を取り、それを全員で守り切る。こういう勝ち方は大きい。(けがの主力に代わって先発した)山本は下川にできないことを見せてくれたし、宮部も守備や戦う部分はよくやってくれた。この先も(勝ち点を)積み上げていくだけ。目の前の敵、ボール、試合だけに集中して、そこに全力を出し切れるように準備していきたい」

前半、先制点につながるクロスを入れる山本

2試合続けて同じ先発メンバー。前半立ち上がりに村越が立て続けに決定機を迎えたが逸機。岐阜もシュートミスで決定機を生かせず、両チーム無得点のまま試合が進んだ。後半は攻勢を強めた岐阜に対して松本山雅は推進力が低下。最後まで失点しなかったものの、6試合ぶりの無得点で今季2度目の3連勝を逃した。

勝ち点1では絶対に駄目

霜田監督「サポーターが素晴らしい雰囲気をつくってくれたので、勝ち点3を取れなかったことが余計に悔しい。良い試合で勝ち点1では絶対に駄目。勝ち点3をなぜ取れなかったかを猛省したい。無失点だったことは褒めてあげたいが、攻撃も守備も両方でチームの評価。勝ち点1しか取れなかったことは全員の責任だと思うので、次から毎試合、勝ち点3を取りにいきたい」

9000人超の観衆が沸き上がることは最後までなかった。J2昇格ラインまで、勝てば勝ち点差3、負ければ6になる状況は松本山雅も岐阜も同じ。お互いの負けたくない気持ちを勝ちたい執念が上回れず、スコアレスドローで勝ち点1を分け合った。

前半3分と8分は村越、16分には岐阜のンドカと田口が決定機に持ち込んだが、いずれもGKや枠に阻まれて逸機。そこから試合は膠着した。

相手の守備戦術が前からのプレスでも引いたブロックでも、人とボールが動き、それぞれがつながることで打開できる自信を松本山雅の選手たちは深めている。「その裏返しで謙虚さが足りなかった」と霜田監督。シンプルに味方を使ったり、パスが出てこなくてもスペースに走ったりする姿勢を欠き、攻撃が機能しなかった。

岐阜のサイドバックがボールに食いついて生まれる背後のスペースを狙う形を共有していたが、松本山雅の両翼が背後を突く場面は数えるほど。「特長（スピード）があるから試合に出ているのに、足元で受けることが多くなってしまった」と野沢。攻撃の組み立ても不安定で、山本は「サイドで孤立してクロスを上げられなかった」と消化不良の表情で振り返った。

松本山雅より順位が上の8チームで、今節勝ったのは鹿児島と今治だけ。上位に迫る好機を逃し、昇格争いの最後尾で食い下がる構図を変えられなかった。残りは10試合。安永は「ここで勝ち点1を積めたことが、昇格することで良かったと言えるようになればいい」と顔を上げた。

シュートが枠を外れ悔しがる小松

攻撃機能せず
無得点で連勝止まる

第28節 9/24 Home

0 - 0

松本山雅　岐阜

後半、ゴール前に迫るも
止められる野々村（左）

後半37分、勝ち越しゴールを決めて喜ぶ野々村（中央）

不格好でも
勝負に徹した逆転劇

　8試合ぶりに先発した滝が3トップの左に入り、村越が右に回る4-3-3で臨んだ。前半4分に宮部のファウルで与えたPKから先制を許したが、後半25分、菊井の左クロスを小松が頭で決めて追いつくと、同37分には菊井の右CKから野々村がヘディングシュートを決めて勝ち越した。

後半27分、勝ち越しゴールを決める野々村

立ち上がりにPKで失点し、劣悪なピッチコンディションに苦しめられ反撃もままならない。ラフプレーにヒートアップした荒れ模様の前半を終え、霜田監督は一つの決断を下した。「ロングボールを蹴って相手陣でサッカーをする」。これまでの蓄積を捨てて勝負に徹する指示に、選手たちは逆転勝利の満額回答で応じてみせた。

後半25分。村山が大きく蹴ったボールに菊井が追いつき、左サイドの深い位置でスローインを獲得。「外から見ていて相手の右サイドが弱点だと感じていた」と山口が受けて菊井に戻すと、左足の速いクロスに走り込んだ小松が頭で値千金の同点ゴールを決めた。

「不格好で不細工な」（霜田監督）試合運びに、「勝つしかない」（小松）という選手たちの気迫が呼応する。住田の鋭い出足で奪ったボールからつながった後半37分の右CK。菊井の正確なキックを野々村が高い打点でねじ込み、ついに試合をひっくり返した。

今節に向けた練習で、霜田監督が繰り返し発した言葉は「言い訳しない」。ピッチも判定も自分たちで制御できない「変数」（霜田監督）だが、それらをはね返して勝利をつかむ力強さを選手たちに求めた。クラブ在籍通算10年目の村山は「後半はプライドを捨てた戦いになったけれど、それで勝ってきたクラブ。シモさん（霜田監督）がDNAを引き出してくれた」と実感を込める。

この日の勝因は、全員で示した勝利への執念と勝負強さ。これまで足りなかった力を手に入れ、逆転昇格に向けたラストスパートに入った。

全員で戦った勝利

霜田監督「最後まで体を張って戦ってくれた選手たちが頼もしく見えた。この（劣悪な）ピッチコンディションでも相手の土俵でも、自分たちが勝てる、できることを証明したかった。途中から出た選手も素晴らしい活躍をしてくれて、全員で戦った勝利だと思っている。見ている人の心を揺さぶるようなプレーが自然とできるようになってきた。そこにチームの成長を感じている」

後半37分、攻め上がる山口

"絆" 田中隼磨

変わること、変えられないこと

（8月30日）

慶応高校が優勝した夏の甲子園は、選手たちの自由な髪形が話題になった。僕は小学4年生で野球チームに入った時、誰に強制されたわけでもなく丸刈りにした。今の感覚とは違うのかもしれないけれど、それが当時の自然な流れ。だから慶応高校の選手たちを見ていると、驚きと同時に違和感を覚えてしまう。僕が古い人間のせいなのかな。

時代の流れとともに、選手も指導者も変化しているのはサッカーも同じだ。僕が子どもの頃は、練習中に監督の許可なく水を飲んではいけないと言われたり、試合に負けると罰としてグラウンドを走らされたり。僕は、ボールを拾いに行くふりをして監督の目を盗んで水を飲んだり、嫌がる仲間たちの肩を抱いて罰走に取り組んだりしていた。

そんな光景はサッカーの指導現場では見なくなったし、あってはいけないと思う。でも当時の僕は、理不尽な指導さえ前向きに受け止められる思考回路を持っていて、それがプロになって活躍する道につながったとも思っている。

育成年代の指導現場では、「昔と違って今の子どもたちは正解を欲しがる」という大人たちの声をよく聞く。確かにその傾向があるなと感じる一方で、昔と違うのは子どもだけではなく大人も同じだろうと感じる。子どもたちに自分の頭で考えることを促さず、最初から答えや正解を与えてしまっている大人の指導をよく

見るからだ。

僕は横浜フリューゲルスのユースに加入するまで、専門的な指導者の下でサッカーを学ぶ機会がなかった。だから、何が正しくて何が間違っているのかを自分の頭で考える習慣が身に付いた。いま、子どもたちを指導する時、まずは子どもたちが自分で考えてみる姿勢を大切にしている。失敗すると分かっていても、失敗から得る経験も貴重だ。そこに時代の変化は関係ない。

名古屋から松本山雅に移籍してくる時、クラブから「アルウィンを満員にしてほしい」と言われた。それは、勝つことや優勝することよりも難しいだろうなと思った。横浜Mでも名古屋でも、優勝してもスタジアムを常に満員にはできなかったからだ。

松本のサポーターやスポンサーの人たちが、松本山雅に何を求めているのか。それを考えながらプレーしているうちに、僕は勝ち負けより大切なことがあると気付いた。体を張ってハードワークをする。多少の痛みならすぐに立ち上がり、ライン際まで諦めずに走る。審判に文句を言わず正々堂々と戦う。結果的にそれが、勝利への近道でもあった。

時代とともに変わっていかなければいけないこともあるし、決して変えてはいけないこともある。僕たちは、それを自分の頭で考えて、自分たちが進むべき道を決めていかなければいけないと思っている。

「伝える側」としての言葉

（9月29日）

8月にテレビ局のニュース番組で3日間、キャスターを務めた。コメンテーターの経験はあったけれど、ニュース原稿を読むキャスターは初体験。きちんと情報を届ける伝え手としてはもちろん、ニュース原稿で読んだ「下伊那郡阿南町新野の盆踊り」など僕が知らなかった信州の出来事を知る機会にもなり、新鮮な経験だった。

現役時代の僕は「伝えられる側」の人間だった。練習や試合でプレーをして、新聞記者の取材を受けたりアナウンサーにインタビューされたり。自分の言葉に自覚と責任を持って発言するようにしていた。一方で、僕の記事が載った新聞を読んだり番組を見たりすることはなかった。特に松本山雅に移籍してからはメディアの皆さんと顔が見える関係を築くことができていたので、僕がどう伝えられているかを気にすることはなかった。

どう伝えられるかを意識しなかった理由は他にもある。

プロになって横浜Mでプレーしていた時、監督だった岡田武史さんから「全員から応援されていると勘違いするなよ」と言われた。応援してくれる人もいれば、そうじゃない人もいる。実際、試合後にスタンドから心ない言葉を浴びたこともある。どんなに言葉を尽くしても、どれだけ行動で示しても、全ての人に受け入れてもらうことは難しい。だから僕は現役時代、交流サイト（SNS）を使っていなかったし、自分がどう伝えられているかも気にしな

いようにしていた。

プロになる前は伝えられることが楽しみで仕方なかった。小中学生の頃は、学校の図書室にある新聞で僕の名前を見つけると、友達が「すごいじゃん」と言ってくれた。「次は写真付きの記事になるように頑張ろう」と思ったことを覚えている。僕のお父さんは今でも僕が載った信毎の記事を届けてくれる。伝えられることは僕がサッカーに取り組む上で大きな励みだった。

現役を引退した今は「伝える側」だ。講演やトークイベントで僕の経験を話したり、プロを目指す子どもたちにプレーで示したり。言葉や行動で僕が何かを発信し、受け取った側が返事をしただけでは、僕は「伝えた」と思っていない。相手が、僕の言動から影響を受け、何かの行動を起こして初めて「伝えた」だと思っている。

岡田さんやピクシー（元名古屋監督のストイコビッチ氏）、ソリさん（元松本山雅監督の反町康治氏）ら、言葉に力を持った指導者とも出会ってきた。その人たちのどんな姿が、どんな伝え方が、相手に響くのか。単なる言葉の意味にとどまらず、その人の人間性や普段の振る舞いが言葉の力の源になっていることは間違いない。一人でも多くの人の心に響くように、僕の思いを伝える努力を続けていきたい。

流儀 霜田正浩

自分を変えてうまくなる

サッカーにおける「うまい選手」とは。かつてJ1川崎を率いた風間八宏さんは、ボールを正確に止めて蹴ることを徹底した。手よりも不確実性が高い足でボールを思うがままにコントロールできれば、「うまい選手」に分類される。

もう少し深掘りしてみると、サッカーの神髄が見えてくる。ボールを正確にコントロールできる技術がつくと、選手は自然に顔が上がる。視野が広がり、それが素早く的確な判断につながる。自分のスキルやテクニックをいつ、どこで使うのかという新たな判断もしやすい。その技術を持った選手が何人も集まれば試合をコントロールできる集団になり、そこにチーム戦術が加われば強力なチームができあがる。

体が強い、足が速いというフィジカル的な要素も「うまい選手」につながる。サッカーは陸上競技と違って決められたスタートラインもフィニッシュラインもない。単なる体力勝負ではなく、優位なポジションを取ったり、相手より先に動き出したり、そこに駆け引きや判断があれば、フィジカルの強さや速さも立派な「技術」になる。

今季の松本山雅にも、うまくなった選手は多い。あえて個人名は伏せるが、課題を改善できないために元々の長所を生かし切れず、チームの勝利に貢献できなかった選手がいた。その選手が、まずは「できない」自分を受け入れ、課題に真摯に取り組み、練習の姿勢や生活態度を変えてきた。自分を変えることができた選手は目に見えて成長している。

彼らに起きている変化は、周りの人が感じているより大きいと思う。自分を変化させることができれば、選手は成長できる。自分と未来は変えられるのだ。

成長は絶対的で、競争は相対的、というのが僕の持論だ。成長は自分ができるようになったかどうか。主語は自分だ。競争は相手より勝ったか劣ったか。自分たちがどんなに優れていても、それを上回られたら競争に敗れる。選手もチームも同じだ。

僕は、選手たちをうまくさせたいし、成長させたいと思い、日々グラウンドに情熱を注ぐ。同時にこのチームを強くしたい、勝ってサポーターを笑顔にしたい。

勝利の確率を上げるためには、選手やチームを成長させることが一番。そう信じて、成長と競争の両方を追い求めている。

小学5年生のサッカー少年から「うまくなるためにはどうすればいいですか」と質問されたら、僕は迷わず「サッカーを大好きになること」と即答する。サッカーが好きになれば、練習は苦にならなくなるし、うまくなるためにどうすればいいか自分の頭で考えるようになる。好きこそものの上手なれ。「失敗したら」とか「勝てなかったら」というマイナス思考をなくすことが大事。こういうネガティブでよこしまな気持ちを邪気と呼ぶ。子どもは邪気がないから無邪気なんだ。大人にとっても大切なことだ。

今年1月の始動から8カ月間で、大きく成長し芽が出てきた選手はたくさんいる。残りのシーズンで、花が咲き、実がなると信じている。良いサッカーができれば勝てなくてもいい、なんてナンセンスな考え方は一切持っていない。選手とチームの成長を信じ、最後にきれいな花を咲かせたい。

（9月7日本紙掲載）

負けて厳しい表情で下を向く選手たち

後半37分、岩手の甲斐（中央上）に3点目を決められる

1-4
松本山雅　岩手

遠のく昇格圏 スタジアム包む静寂

前節から先発4人を入れ替えた。藤谷と下川が4試合ぶり、野沢は2試合ぶりに先発復帰。出場停止の安永に代わって住田が16試合ぶりに先発し、米原とボランチを組んだ。前半に2失点した松本山雅は後半5分、米原のクロスを小松が頭で決めて1点差に迫った。その後も決定機をつくったが決められず、終盤の連続失点で今季最多タイの4失点と崩れた。

逆転を信じて冷たい雨に耐えていたサポーターが、次々と席を立ち、出口に吸い込まれていった。1点を追う後半37分と41分に連続失点し、反撃ムードと勝機が霧散。試合終了と同時にスタジアムを包んだ静寂の意味は、無念か悔しさか、それとも諦めか。

球際で戦い、ゴール前で体を張る。印象で評価しがちな「戦う姿勢」について、かつてJ1で戦っていた時に分かりやすく表現した選手がいた。「失点したかどうか」。この日は今季最多タイの4失点。「もっと戦えた」という霜田監督の受け止めも併せれば、「戦う姿勢」は希薄だった。

前半34分、下川が寄せずにフリーで上げられたクロスから失点。同46分には藤谷と野々村が奪ったボールをすぐに失い、痛恨の2失点目につながった。後半5分に小松のゴールで追い上げたものの、その後は好機で足を振らなかったり、難しいシュートを選択してみたり。菊井は「相手が決めて自分たちが決められなかった。それ以上でもそれ以下でもない」と、珍しく言葉少なだった。

前半7分、ボールをたたきつけて判定に不満を示した村越が警告を受けた。攻撃の組み立てがサイドで行き詰まり、攻撃権を放棄するかのように簡単なミスを繰り返す光景から、霜田監督が強調する「成長」を見いだすのは難しい。

残り8試合で昇格圏との勝ち点差は8。「諦めない」（霜田監督）という言葉は、次の信州ダービーの結果次第で重くも軽くもなる。

監督の責任。もっと戦えた

霜田監督「敗戦は監督の責任。もっと戦えたと思う。ミスの後のカバーができなかった。これだという原因は分からないが、1週間の準備が問題だと思っている。（逆転昇格の）可能性がなくなったわけではないので、最後まで諦めないで残り8試合、全部勝ちにいく準備をしたい。なぜこういうゲームになってしまったのか選手たちは分かっている。この敗戦を引きずることはない」

後半41分、右足で先制ゴールを決めて喜ぶ野澤

緑色の猛攻 闘志は「松本のために」

第31節 10/15 Home

1-0

松本山雅　　長野

魂のこもったゲーム

霜田監督「ハードワーク対ハードワークの勝負。お互いのストロングポイントをより濃く出せるかが鍵だった。選手たちの気持ちがピッチに乗り移り、魂のこもったゲームをしてくれた。勝ち点3以上の価値のあるゲームができた。僕らが積み上げてきたサッカーをぶれることなくやって、それをサポーターが見て喜んでもらう。その意義がダービーは大きいと思う」

信州ダービーに勝利。先発3人を入れ替え、安永と山本が2試合ぶりに復帰。初先発の山口が3トップの左に入る4-3-3でスタートした。AC長野は4試合ぶりに先発した大野を3バックの中央で起用。頂点に山中、1.5列目に三田と森川が入る3-4-3で臨んだ。

試合は序盤から松本山雅が攻勢を強めた。前半44分に山口のパスを受けた小松がゴールネットを揺らしたが、オフサイドの判定でノーゴールに。AC長野は後半3分に森川が決定機を迎えたが松本山雅の藤谷がシュートブロック。両チーム無得点のまま推移した。後半41分、松本山雅は村山が自陣左から蹴ったFKに渡辺が頭で競り勝ち、そのこぼれ球に抜け出した野澤が右足で決めて先制。リードを守り切り、5月に2連敗していた信州ダービーで今季初勝利を挙げた。

後半41分、右足で先制ゴールを決める野澤

　信州ダービーでしか歌われない応援歌がこだまする中、主審が試合終了を告げる笛を鳴らした。固く閉ざされていたAC長野の守備を、後半41分に野沢のゴールでこじ開けた。5月の直接対決2連敗で消え去った誇りを取り戻したサポーターは、いつまでも歌うことをやめなかった。

　「ここで負けたら終わりだと思っていた」と菊井。ダービー3連敗は許されないという危機感と、勝って昇格争いに踏みとどまらなければという執念が、選手たちを戦う集団に変えた。

　出足と球際で上回った前半は、8−0のシュート数が示す通り攻守で圧倒した。それでもゴールが奪えず引き揚げたハーフタイムのロッカールームでは「このままじゃ駄目だ」(小松)と闘志に再点火。「最後まで諦めずに勝ち点3を取りにいく。ゴールへの矢印は変えない」という霜田監督の思いが、野沢のゴールに凝縮した。

　右膝の大けがによる長期離脱から9月に復帰したばかりの山口を初めて先発起用。攻撃の動力源になった27歳は「勝ちたい気持ちをみんなに伝染できればと思っていた」と振り返る。「(他の試合と)勝ち点3の重みが違う。それをみんな分かっていた」と村山。"松本のために"を合言葉に、心技体が研ぎ澄まされたこの日の松本山雅は強かった。

　失地回復は図れた。残された焦点は、ここから昇格圏に届くかどうかの一点だ。「この勢いを次につなげられるように」と菊井。霜田監督は「残り7試合、何かを起こしたい」と言って記者会見を締めくくった。

後半、相手(中央)の攻撃を
防ぐ選手たち

声援を送るスタンドを埋めた松本山雅サポーター

信州ダービー

松本山雅 **1-0** 長野

雪辱響く「俺らが信州」

ホーム今季最多 1万2457人喜び爆発

松本山雅FCとAC長野パルセイロがサンプロアルウィンで対戦した10月15日の「信州ダービー」。ホーム今季最多となった1万2457人の観客が熱い声援を送り、選手は鬼気迫るプレーを見せて盛り上げた。

野澤零温が先制点を挙げ、山雅の勝利が決まると「パルセイロだけには負けられない教えてやれ！俺らが信州！」と信州ダービーでしか歌われない応援歌を響かせた。

試合前にはスタジアム周辺に集合したサポーターが、AC長野のチームカラーにちなんでオレンジ色の飲み物を飲み干し、験を担ぐ場面も見られた。

試合前、AC長野にちなんでオレンジジュースを飲み、験を担ぐサポーター

決勝点を決めた野澤。サポーターと勝利を喜び合う

応援席で救命 観客がAED使用

松本市のサンプロアルウィンで10月15日にあった松本山雅FCと長野パルセイロの「信州ダービー」の観戦中に70代男性が意識を失い、居合わせた看護師が観客と協力して措置を行い、救命につながった。松本広域消防局が10月23日、発表した。男性は急性心筋梗塞、心室細動と診断されたが、一命を取り留め、歩けるまでに回復した。

15日午後3時ごろ、バックスタンド応援席で男性が意識不明となっ

た。周囲にいた人が気付き、観客として居合わせた女性看護師ら3人が心臓マッサージを行い、自動体外式除細動器（AED）を使用。常駐している医師や看護師と協力し、救命措置を行った。男性はドクターカーで松本市内の病院に搬送された。

男性の妻は「大勢の方のおかげで命が助かってよかった」と話しているという。

72

試合後の記者会見。霜田監督は「こういう結果になってしまったのは…」と話すと言葉を詰まらせ、目をしばたたかせた。信州ダービーの勝利で生まれた逆転昇格への希望は、アウェーで沼津に敗れ、わずか1週間で絶望に変わった。

立ち上がりはプレスが機能せず、相手のパスワークと流動的な動きに翻弄（ほんろう）された。重心が下がってボールに寄せられなくなると、前半17分に耐えきれず失点。経験豊富な渡辺は「うまくいかない時に我慢できないと厳しい。それが今の順位に表れている」と手厳しく指摘した。

「球際も戦えなかった」と指揮官。4失点で敗れた前々節の岩手戦でも露見したその課題は、引き締めを図った前節のAC長野戦で改善したはずだった。地力が定着せず、好不調の波が続く不安定さは、今季を通じた特徴。再び同じ弱さが顔を出して敗れたチームには、真の強さが備わらなかったと見るしかない。

失点の10分後に小松のゴールで追い付き、1-1で迎えた後半12分。自陣でボールを失うと、切り替えも反応も遅れた守備の穴を突かれて失点。そこから押し返すパワーも出せず、小松は「相手にやりたいことをやられた90分間だった」と奥歯をかみしめた。

残り6試合で昇格圏との勝ち点差は8。「負けた後は毎試合、『残り全部勝つ』と言ってきたので、もう言いたくない。それが簡単じゃないと分かっているから」と小松。諦めない決意と、諦めたくない本音と、諦めそうになる現実のはざまで苦悩していた。

サポーターのブーイングと声援を背に引き上げる選手たち

順位関係なく松本のために

霜田監督「大勢のサポーターをまた失望させてしまったことが、悔しくて情けなくて涙が出る。まだまだ未熟だし、技術がないし、球際も戦えなかった。アプローチの仕方がどこかで良くなかったかなと反省している。もう一回、試合を見直して次の試合に向けてファイティングポーズを取りたい。残り試合は、どんなポイント（勝ち点）、どんな順位かは関係なく松本のために戦わなければいけない」

山本に代わって下川が2試合ぶりに先発復帰。前半17分に先制されたが、同27分に相手のパスミスを奪ったカウンター攻撃から小松が右足で決めて追い付いた。しかし、後半12分に勝ち越しを許すと、その後も攻勢に出られず、37分にCKから3失点目を喫した。

希望かすむ黒星
好不調の波が正念場で顔を出す

第32節 10/22 Away

3-1

沼津　松本山雅

敗れた試合終了後、小松はピッチに突っ伏して悔しがり、動けなかった

0 - 2
相模原　松本山雅

前半11分、相手FWの決定的なシュートを止めるGKビクトル

ビクトル好守
先制阻み流れ引き寄せる

ラストスパートを阻害した主因は、前半に先制を許す不安定な試合運び。第30節の岩手戦も前節の沼津戦もその展開で敗れ、連勝を逃していた。この日も先に決定機を迎えたのはホームの相模原。前半11分、守備ラインの裏に抜けた安藤の前に立ちはだかったのは、5カ月ぶりに先発したGKビクトルだった。

ぎりぎりまで安藤の動きを見極め、左足から自身の左に放たれたシュートをストップ。「（最近の負け試合は）失点すると悪い流れになっていた。無失点の時間を長くできれば勝てると信じていた」。昨季の正GKによるビッグセーブで流れを引き寄せると、前半17分に山口が先制ゴールを決めて波に乗った。

加入2年目の今季も開幕スタメンでスタートしたが、4失点で2度目の2連敗を喫した5月の鹿児島戦を最後に控えに回った。9月には長女も誕生したが、ピッチに立てないことに「悔しくて落ち込んだ」。それでも気持ちを切らすような態度は見せず、若手を引っ張りながら村山と高め合う姿が印象的だった。

試合当日に先発起用を伝えた霜田監督は「今週の練習内容を見て、（村山と）どっちでいった方が勝つ確率が高くなるかという判断」と説明。常田は「ビクトルに助けられた。先制したことでプレーに余裕が生まれた」と振り返った。

わずか1勝では覆せないビハインドを負って残り5試合。ビクトルは「（5連勝で）勝ち点15を積むことが大事だけれど、次の1試合に必ず勝つことしか考えていない」と足元を見つめた。

気持ちが入っていた

霜田監督「（沼津に敗れた）前節の反省から今日は気持ちが入っていた。思ったほどちゃんとできたわけではないけれど、欲しかった先制点が取れて、（失点）ゼロに抑えられたことは次につながる。（攻勢を強めた）流れの延長でセットプレーが取れて、そこから得点が取れたことは喜んでいる。ただ、セットプレーになる前に仕留めたい。崩して裏を取ってという決定的なシーンをつくりたかった」

前節から先発2人を入れ替え、GKは村山に代えてビクトルを22試合ぶりに起用。山本が左サイドバックで2試合ぶりに先発復帰した。

前半17分、左サイドで菊井からのパスを受けた山口がマークを振り切ると、右足で豪快に決めて先制。同30分には菊井の右CKを小松が頭で決めて突き放した。後半は決め手を欠いて追加点を奪えなかったが、無失点でリードを守り切った。

前半17分、先制して喜ぶ山口（左）ら

流儀 霜田正浩

データは大切… 最後は直感

僕の好きな監督の一人に、プロ野球4球団を率いた野村克也さんがいる。データを重視する「ID野球」で新たな監督像を築いた方だ。野村さんは著書で、データや数字を重視するだけでなく、それをどう使い、どう伝えるかという知力が大切だと説いている。その考え方は本当に共感できる。

サッカーは、セットプレーを除いてゲームが動き続けている。不確実要素が多く、カオス（無秩序）な局面もある。テクノロジーが進化してデータを取りやすくなっているが、天候や対戦相手、審判による判定など変数が多く、データ通りに試合が進むことはまれだ。

松本山雅も練習や試合で選手の走行距離やスプリント（時速24キロ以上のダッシュ）回数、心拍数などのデータを取っている。練習強度や選手の回復度などを感覚ではなく数値から知ることができ、特に練習を組み立てる上でデータは大きな手助けになる。コンディショニングに数字は欠かせない。

今は、すぐにポゼッション（ボール保持）率やゴール期待値といった数値が提示され、誰もが結果としての「数字」を見ることができる。一番知りたいことは、その数字が僕らの意図したプレーの結果なのかどうか、ということだ。ポゼッション率が高くても横パスやバックパスばかりで前に進んでいないのであれば僕らには何の意味もない。

僕が重視するのは、攻撃陣内30mライン進入回数や相手ペナルティーエリア内に何回、人もボールも進入できたかという数字だ。つまり、相手ゴールに向かっていたかどうかを示すデータである。

僕たちは、ポゼッション（保持）ではなくプログレッション（前進）を重視したサッカーに取り組んでいるからだ。

例えば、アウェーの愛媛戦（7月29日）やホームの富山戦（8月12日）は、30mライン進入回数で相手を圧倒した。相手にサッカーをやらせず、自分たちが相手ゴールに向かう攻撃がたくさんできたという「数字」は、自分たちがこのままこの道を進んでいけばいいのだという勇気を与えてくれた。

週末の試合に勝つために1週間準備し、メンバーの18人を選ぶ。誰を先発で起用し、誰を切り札に残しておくか。相手の戦力も踏まえ、勝つ確率を高めるためにどう戦うか。それらを判断するプロセスにはデータや数字が大切。だが最後の決断は僕の直感だ。

選手もチームも生き物。だからこそ、空気感や試合の流れ、選手の表情、相手の勢いなどを観察し、その瞬間で決断する。もちろんコーチの意見も聞く。データや分析も参考にする。ただ、勝つために役立たない数字や統計はそこでは必要ない。その直感を信じて僕は選手たちと戦っている。

将棋やチェスといったゲームは、駒の動き方が決まっていて、一手ずつ指す。だからこそ読み合いになるのだが、「相手がこう来たらこうする」というような読みの部分では参考になる。その類いの本も好きでよく読んでいる。でも実際には僕は将棋やチェスはやらない。理由は簡単。これ以上考えることが増えると頭が爆発しそうになるからだ。

（10月12日本紙掲載）

1-0

松本山雅　　北九州

しぶとく連勝
希望つなぐ

首位愛媛が4連勝で勝ち点67に伸ばしたため、松本山雅の優勝は消滅した。2試合続けて同じ先発。前半から攻勢を強めたが決め手を欠き、0-0のまま後半へ。後半5分、左サイドから山口が入れたクロスに野々村が頭で合わせ、遠いサイドに流れたボールがオウンゴールを誘って先制。追加点を奪えなかったが2試合連続となる無失点でリードを守り切った。

後半5分、野々村（左から2人目）へのヘディングシュートがオウンゴールを誘い、先制する

後半、クロスをあげる山本

　オウンゴールによる1点を守り切る泥くさい勝利の1時間前、愛媛の4連勝により優勝が消えた。「第一の目標を下方修正せざるを得ないことは非常に悔しい」と霜田監督。昇格という第二の目標も、残り4試合で勝ち点差6と壁は高いが、今季3度目の連勝をもぎ取ったことで希望の火は消えなかった。

　攻勢に出た立ち上がりに先制できず、前半40分過ぎには立て続けにピンチを迎えた。これをGKビクトルがビッグセーブで防ぐと、「（失点）ゼロでいけば点が入ると確信していた」と小松。「前半は忘れて良い入りを」（菊井）と引き締めて迎えた後半も立ち上がりに押し込み、今度は好機を逃さなかった。

　後半5分、セットプレーの展開から左に流れてきたボールを山本が粘って残すと、サポートした山口が右足でクロス。野々村が頭で触ったボールの先には小松が待ち構えており、対応に窮した相手の胸に当たってゴールインした。

　パスをつなぐスタイルの北九州が前半途中からロングボールを多用。後半は長身選手を投入し、サイドを起点にカットインも狙い続けていた。その攻撃を組織と個の力で食い止め、勝機を手放さないしぶとさは最近までなかった光景だ。

　「前と後ろ、それをつなぐボランチが試合中によく話せている。全員で同じ絵を描けている」と米原。山木は「自分の間合いで守備ができた」とうなずく。遅ればせながら集大成を披露し始めたチームは、火を燃え上がらせることができるか。

目標を一つずつクリア

霜田監督「欲を言えば、もっとできたゲームだったけれど、ホームで無失点に抑えて勝ち点3を取れた。その結果に関しては選手たちを褒めてあげたい。（守備の部分で）愚直に真面目に丁寧にやってくれた。（優勝の可能性が消えたことは）自分たちの力のなさ。非常に悔しい。ただ、昇格という次の目標がある。それを達成するために小さな目標を一つずつクリアしていかなければいけない」

第35節 11/12 Away

1 - 1

福島　松本山雅

前半44分、先制ゴールを決める渡辺

警告累積で出場停止の小松と右肩を痛めた菊井が欠場。代わって渡辺が23試合ぶり、滝が6試合ぶりに先発し、山口がトップ下に入る4-3-3で臨んだ。

前半44分に藤谷の右クロスを近いサイドの滝が流し、ゴール前の渡辺が右足で決めて先制した。後半はボールへの寄せが甘くなって押し込まれ、35分に村越のファウルで与えたPKを決められ同点に。その後も守勢に回り、勝ち越し点を奪えなかった。

選手間に微妙なずれ

霜田監督「PKは倒した選手もそうだけれど、その前にクロスを上げさせた選手、中でかぶってしまった選手…。ミスが重なるとああなる。2点目を取れなかったことが勝ち点1しか取れなかった原因。仕組みで点を取ること（チームづくり）をずっとやってきて、それを愚直に繰り返すとご褒美がくるが、それを中途半端な形でやらない（選手がいる）。やる選手と、そうじゃない選手のイメージが合わなくなると微妙なずれが起きてしまう」

後半終了間際、シュートが決まらず悔しがる住田（中央）

2〜4位の上位陣が総崩れした今節。「他力」を得た5位の松本山雅は、勝っていれば昇格圏の2位まで勝ち点差3に迫る絶好機だったが、肝心の「自力」がなかった。後半は相手の攻勢に耐えきれずPKで追い付かれ、反撃できないままタイムアップ。ここぞで勝てない弱さは、瀬戸際になっても変わらなかった。

小松と菊井の主軸2人を欠いたが、前半は代役の渡辺と滝、それにトップ下に入った山口が存在感を示してゲームを支配した。44分に山口が展開したボールから藤谷が右サイドを突破。「クロスに対して必ずニア（近いサイド）に入りたいと思っていた」と滝が右足で流すと、中央の渡辺が右足でシュート。欲しかった先制点を奪った。

しかし、後半は前半の出来がうそだったかのように暗転した。「昇格レースの中にいると、どうしても1点を守りたい心理になる」と安永。前への圧力を強めた福島に押され、攻守の統一感が希薄に。中途半端に寄せた裏のスペースを使われたり、寄せきれずにフリーで仕掛けられたり。35分に与えたPKの失点がもったいなく映るが、負けなくて良かったという捉え方が正確だろう。

主軸2人の穴を埋める選手層はあったが、それに続く交代選手がギアを上げられず、セットプレーも不発。「最後まで諦めることなく選手たちを信じて戦いたい」と強調した霜田監督の言葉と、終盤のカウンターで全員がスプリントしない光景に温度差はないか。ゴールや勝利への執念を全員が示さなければ、次節にも昇格の道は断たれる。

J2昇格が絶望的となる敗戦を喫し、サポーターの前で号泣する山口

前半37分、YS横浜に先制を許す

出場停止明けの小松が渡辺に代わって2試合ぶりに先発復帰。残る10人は前節と同じ顔ぶれで臨んだ。立ち上がりから不安定な内容で相手に主導権を握られると、前半37分にCKから失点。後半22分にはFKから追加点を許した。ボールを持ってもミスや精度を欠いたプレーを繰り返して攻撃の形をつくれず、8試合ぶりの無得点に終わった。

順位は4から7位に後退したが、翌19日に2位の鹿児島が負けたため、2試合を残して点差は5。辛うじて昇格の可能性だけは残した。

消極的なミスを繰り返し、覇気も責任感も伝わってこない。逆転昇格へ望みをつなぐために勝利しかなかったが、小雪がちらつくホームで惨敗。山口は目を赤らめながら「本当に悔しい選手が何人いたのかなって……」と唇を震わせた。

その山口のミドルシュートで幕を開けた前半。乗りかけた勢いを、自分たちで手放した。山本がクロスのクリアを空振りし、村越や小松の落としのパスは相手に渡ってカウンターを受ける。36分には安永がボールを奪われると、常田の軽率な対応でピンチを拡大。その流れで与えたCKから先制を許した。

相手が嫌がっていたプレスは時間とともに圧力が低下。自陣からボールを前進させられず、相手陣に入ってもサイドにばかり人数をかけてゴール前は小松1人という試合運びに、1年分の成長を見いだすのは難しい。「ゴールに向かうセオリーをやれていない。前半は何もチャンスがなかった」と米原。縦に速い昨季に似た戦い方に変えた後半の方が攻勢だったことが皮肉に映った。

簡潔に言えば、「リアクション」がベースだった昨季までのスタイルを「アクション」に転換しようとしたのが今季だ。それが口で言うほど簡単でなく、成績と結びつくまでに時間がかかることも分かる。

しかし、シーズンの集大成とも言える終盤戦の敗戦からはスタイルの片りんさえ見えなかった。霜田監督は「僕らが積み上げてきたものが何もできなかった」と力なく話すしかなかった。

第36節　11/18　Home

0-2

松本山雅　　YS横浜

残り2試合は
プライドを懸けて

霜田監督「応援に結果で応えられなかったのは力がないということ。大事な試合で勝ちきれない。それが今年はたくさんあった。良い試合でなく勝つ試合をやらなければいけない。この前（前節の福島戦）の引き分けも痛かったけれど、今日の負けはもっと痛い。勝ち点も内容も手に入れられなかったことがとても悔しい。先のことは分からないが、残り2試合、サッカー選手と松本山雅でサッカーをしているプライドを懸けて結果を出していきたい」

消極的ミス重ねホーム惨敗
かすむ昇格の望み

　　YS横浜に敗れ厳しい表情でスタンドのサポーターにあいさつする選手

2試合ぶりに先発した渡邉が小松と2トップを組む4-4-2で臨んだ。立ち上がりから攻勢に出たが好機を生かせず、前半39分には小松がPKを相手GKに阻止された。後半は守備を固めた讃岐を崩せず、2試合連続の無得点に終わった。

J2昇格圏の2位鹿児島が勝って勝ち点61に。3試合連続未勝利で勝ち点54にとどまったため4位以下が確定、昇格の可能性が消えた。

命運尽きた――
勝負どころの弱さ克服できず

前半39分、自ら獲得したPKを阻まれ悔しい表情を見せる小松（右）

過去に例を見ない低調な昇格争いに助けられ、ラスト2試合まで目標を失わずにくることができた。しかし、他力頼みも限界。上位が勝ち点3を積み、自らは3試合連続未勝利と足踏みした今節、ついに命運が尽きた。スコアレスドローに終わった試合が象徴するように、勝負どころで勝てなかった今季のチームに昇格する実力は備わっていなかった。

精彩を欠いた内容でYS横浜に零敗した前節の結果で、逆転昇格は絶望的になっていた。今節は、他会場の結果を選手たちの耳に入れず、春から積み上げてきた「自分たちのサッカー」を表現することを重視。いわば開き直って、内容と結果の両立を求めて試合に入った。

立ち上がりから攻守で相手を圧倒し、前半39分には小松の突破がGKのファウルを誘ってPKを獲得。20得点目の大台を狙ってボールをセットした小松だったが、左隅を狙った左足のシュートはGKに止められた。後半は3バックに変更した相手守備に対して立ち往生。単調な攻めに終始し、尻すぼみのまま試合終了の笛を聞いた。

4月の2連敗で昇格圏からこぼれ落ちて以降、10位前後での低空飛行が続いた。3連敗が一度もなかったことで好不調の波が小さいとみることもできるし、連勝が3度しかなかったため勢いが続かないと捉えることもできる。はっきりしているのは、ここぞの勝負どころで勝てない弱さを克服できなかったことだ。

「負けた試合を振り返ると、勝てたと思える試合ばかり。（勝ち切る強さを欠いた要因は）正直、今でも分からない」と小松。米原は「うまくなっているけれど、強くないチームだった」と、沈痛な表情で言葉を絞り出した。

讃岐と引き分け、厳しい表情でピッチを引き揚げる霜田監督と選手たち

情けないし申し訳ない

霜田監督「やりたいことが出た試合だったけれど、最後の精度、強度、クオリティーが足りない。だから勝ち点1しか取れない。それが僕らの実力だと思っている。1試合を残して（J2昇格という）結果が出せなかったことは、悔しいし情けないし申し訳ない。最後の奈良戦がある。一つでも上（の順位）で終われるように、やってきたことが間違っていなかったという終わり方にしたい」

無得点で讃岐と引き分けた後、ピッチ上で霜田監督の話に耳を傾ける選手たち

後半32分、PKを失敗する小松

小松J3得点王　苦い記憶と共に

　ボールをセットし、5歩下がる。今季何度もゴールネットを揺らしてきた左足で弾かれたボールは、無情にもクロスバーをたたいた。「完全にメンタルの弱さが出た」と小松。19ゴールを積み上げて射止めたJ3得点王のタイトルは、苦い記憶と共に25歳のキャリアに刻まれた。

　中学、高校と松本山雅の育成組織で育った生え抜き選手。大学を中退して19歳で加入したが、当初は出番をつかめず、J2の金沢と山口に期限付き移籍という形で武者修行した。そこで出会ったのが、山口を率いていた霜田監督。その時に吸収した経験を生かし、松本山雅の選手として迎えた3年目で初めて主力の座をつかんだ。

　J1通算104得点の渡邉からキャンプで伝授されたのは「シーズン最初に得点を取っておく大切さ」。奈良との開幕戦は、自ら獲得したPKを沈めてチーム第1号となるゴールを決め、波に乗った。メンタルトレーナーと個人契約を結び、試合への向き合い方や日常生活を見直すなど貪欲な取り組みも奏功。4月の北九州戦では豪快なオーバーヘッドシュートを決め、自身初のハットトリックも達成した。

　評価が急上昇する中、自らの意思でシーズン途中の移籍を封印。育ったクラブと愛着のある地域のために全身全霊を傾けてきた。しかし、第33節を最後にゴールから遠ざかり、チームは3試合連続無得点と失速。J2昇格も逃し、小松は「完全に僕の責任」と、笑顔を見せないままスタジアムを後にした。

　複数のJ2クラブが獲得に動いており、来季は新天地に活躍の場を求める可能性もある。小松は「どうやったら成長できるか。選手である以上、この気持ちは持ち続けたい」と前を向いている。

失速──笑顔なく終幕

　村越に代えて滝が2試合ぶりに先発。安東が17試合ぶり、菊井が4試合ぶりにメンバー入りし、ともに後半から途中出場した。立ち上がりから攻勢に出たが好機を生かせず、前半44分にロングボールの処理を誤った展開から奈良の浅川に先制点を決められた。後半32分にはハンドで得たPKを小松がクロスバーに当てて逸機。3試合連続無得点で零敗した。松本山雅は勝ち点54で9位。J3得点王のタイトルは19得点の小松蓮が獲得した。

前半、好機にゴールを決められ天を仰ぐ渡邉（中央）と頭を抱える小松（右）

「強いチーム」にならなければ

霜田監督「肝心なところでゴールが取れず、1回のミスで失点してしまう。そういう試合を何回もやってしまうのはいろいろなところに原因がある。悔しく思うし、応援してくれた人には申し訳なく思う。できるようになったことも多く、全く希望がなかったシーズンではないと思っている。良いチームではなく強いチームにならなければいけないと改めて思った1年だった」

流儀　霜田正浩

倒す敵 高め合うライバル

僕が通っていた中学も高校も、サッカーでは無名に近い。それでもというか、それだからというか、同じ東京の暁星中や帝京高といった強豪校には負けたくない対抗心があった。一方で、彼らにライバル意識を持ったことはない。人と比べない、自分たちが強くなれば良い、という価値観の方がはるかに大切だった。

AC長野パルセイロとの信州ダービーを3度経験した。東京や横浜にもダービーはある。でも、それらと信州ダービーは違う、と僕は感じる。信州ダービーは、クラブではなく地域を背負った戦いだ。10月の3度目の対戦は地域の歴史を理解し、「松本のために戦う」ことでチームが一つになって劇的な展開から勝利をつかむことができた。自分のため、チームのためだけではなく、地域のために戦うのが松本山雅だ。

対戦相手、つまり「敵」と「ライバル」とを同一視する向きもあるが、僕は違うものだと思う。「敵」は、倒すもの、超えるもの、負けたくないものであり、「ライバル」は高め合うもの。松本山雅にとってのパルセイロが敵なのかライバルなのかは個人の判断にお任せするが、対戦する時は倒すべき「敵」になる。

今はカテゴリーこそ違うけれど、松本山雅のライバルはJ1の浦和や新潟、J2の仙台だと思っている。これらのクラブはどこも、地域に根差して街を代表する存在になっているからだ。

個人に目を向ければ、ありきたりの言い方になってしまうが「自分自身がライバル」という考え方も大切だ。自分の弱さやふがいなさを痛感し、過去の自分を超えたいと思う精神力が人を成長させる。

例えば、10月の沼津戦（第32節）の敗戦は昇格を目指す僕たちにとって大きな痛手だった。悔しい、もっとできた、こうしていれば良かったと振り返ってしまう。選手に対して常に準備の重要性は伝えてきたし、僕自身も向き合ってきた。そうやって、自分の中のもう一人の自分にずっと問いかけていた。

僕が、もう一人の僕というライバルと高め合う中で出した答えは、「負けを次の勝ちにどうつなげるか」ということだ。負けた原因を分析するだけでなく、その負けを引きずらず、前向きな思考に転換することで次の勝ちにつながる試合にする。過去に学ぶことはあっても、僕らが生きていくのは未来だ。その姿勢で、僕は残されたシーズンを選手と一緒に戦っている。

現時点で、僕たちのチームには35選手が在籍している。このうち試合のメンバーに入れるのは18人で、スタメンでピッチに立てるのは11人。選手たちの間にはポジション争いやチーム内競争があって、そのことがチームの活性化や成長につながっていることは間違いない。

一方で、僕は終盤戦を前に「競争ではなく共存、共闘しよう」と選手たちに呼びかけた。メンバーに選ばれた選手はもちろん、そうでない選手、けがで離脱している選手も一緒に闘うことが必要だ。「偽りのない一体感」がシーズン最後に大きな武器となる。

今季残り4試合。僕たちは最後まで自分自身と向き合い、目の前の相手から全力で勝利をつかみ取る。「自力の後に他力あり」を信じて。

（11月10日本紙掲載）

フィールド 〈後半戦〉

1点求めて激しく

鈴木 国友

ホームの今治戦（8月26日）。前半をスコアレスで折り返し、1点を求めて両チームが激しく競り合う展開となった。後半、クロスにFW鈴木国友が飛び込んだが、惜しくも今治のGKセランテスに阻まれた。試合は後半26分に先制されたものの、同42分にMF村越凱光が同点ゴールを押し込んで勝ち点1。

先制ゴールに雄たけび

村越 凱光

ホームでのFC琉球戦（9月9日）。J2昇格への望みをつなぐためにも勝利が必要なチームは前半34分、10試合ぶりに先発したFW村越凱光が右足で先制ゴールを決めると、雄たけびを上げながらサポーターの元に向かい喜びを爆発させた。試合は後半12分に同点に追いつかれたものの、同34分のMF菊井悠介のゴールで勝ち越し、3試合ぶりに勝利を収めた。

献身的プレーで零封

北九州と対戦した11月5日のホーム戦。勝ち続けることが必要なチームは、相手の攻撃を献身的なプレーで防ぎ、2試合連続の零封に成功した。試合は後半5分のオウンゴールで得た貴重な先制点を守り切り、今季3度目の連勝を決めた。

田中隼磨さんらに「J」功労選手賞

「名誉ある賞、光栄」

Jリーグは10月24日、松本市出身の田中隼磨氏（41）や中村俊輔氏（45）ら長年リーグで活躍した12人に功労選手賞を贈ると発表した。田中氏は取材に「J1優勝を経験できたし、松本山雅ではJ2優勝やJ1昇格を勝ち取った。名誉ある賞をいただけることは光栄」と話した。

田中氏は、横浜Mユースに在籍していた18歳の時にトップチームとプロ契約。右サイドバックを主戦場に豊富な運動量と高い戦術眼を武器に活躍し、横浜Mと移籍した名古屋でJ1優勝を経験。06年には日本代表に初選出された。

14年に当時J2の松本山雅に移籍し、2度のJ1昇格に貢献。しかし、右膝の度重なるけがに悩まされ、22年限りで現役引退した。Jリーグ通算570試合出場。

Jリーグ功労選手賞受賞を記念したサポーターとの交流会。「田中隼磨監督」を熱望する声も上がった＝11月12日、喫茶山雅飯田店

遠いゴール

ホームでYS横浜と対戦した11月18日だったが、2点を奪われる厳しい展開に。負けが許されない試合だったが、エースストライカーのFW小松蓮は最後まで諦めずに、相手ゴールに迫ったが、得点を決めることができなかった。翌19日、2位の鹿児島が敗れたため、チームは7位に後退しながらも昇格の可能性を残した。

小松 蓮

激しく競り合う

FC岐阜とのホーム戦(9月24日)。J2昇格に向けて負けられない両チームは、ピッチ上でしのぎを削った。フル出場のMF安永玲央は最後まで相手と激しく競り合った。松本山雅は計7本のシュートを放つも決めきれず、試合はスコアレスドロー。

安永 玲央

最後まで勝利追い求め

岩手とのホーム戦(10月8日)。2点のリードを許して迎えた後半からMF山口一真を投入。ゴール前にクロスを供給したり、果敢にゴールを狙ったりと最後まで勝利を追い求めた。後半45分にFW小松蓮がゴールを決めて1点差に迫ったが、立て続けに2点を奪われて試合は終了した。

山口 一真

育ててもらったJリーグに恩返ししたい

一問一答

功労選手賞の受賞が決まった

「名誉ある賞をいただけることは光栄。ただ試合に出るだけじゃなくて、内容や勝利にこだわってプロ生活を送ってきた。J1優勝も経験できたし、松本山雅ではJ2優勝やJ1昇格を勝ち取った。価値がある(通算570試合)出場だったと思う」

駆け出しから振り返ってみて

「若い頃はJリーグも発足して間もなかったし、周りに何百試合も出ている選手はいなかった。それでも、マツ(松田直樹)さんや井原(正巳)さんらすごい選手が身近にいたので、僕も目指してみようと思うことができた」

第一線で長く続けられた要因は何か

「日頃の積み重ね、目の前の試合を繰り返したからこそ。こういう賞を松本で生まれ育った僕が勝ち取れることを地域の人に知ってもらい、この地域からも選手が上を目指してもらえたら」

Jリーグに対してどんな貢献ができたと考えているか

「貢献というより、逆に育ててもらった。今はJリーグに恩返ししなければという思いが強い」

一番の思い出は

「2015年の降格が一番のトピック。チームの目標を達成するためにプロをやってきて、優勝も昇格もあったけれど、あのシーズンは(J1に残留する)トップ15というチームの目標を達成できなかった。降格の責任を感じたことを鮮明に覚えている。喜びよりも悔しさの方が強く残っている」

今の松本山雅はJ3で戦っている

「この舞台にいてはいけない。このクラブはJ2やJ1を目指さなければいけない。そのために僕らやるべきことをやって、子どもたちにも伝えていきたい。松本山雅が目指す舞台を子どもたちに見せてあげたい」

"絆" 田中隼磨

地域ともっと手を取り合って

（10月30日）

　10月15日に松本山雅のホームで行われたAC長野パルセイロとの信州ダービーは、前売りだけで完売した1年前と比べて観客数が3000人以上少なく、空席も目立った。現役時代、アルウィンを満員にすることが僕の使命の一つだったから、試合を見つめながら複雑な思いを抱いていた。

　当日が雨予報だったからだとか、両チームの成績が振るわなかったからだとか指摘する人もいるけれど、それは違う。僕には、松本山雅の試合を見に行きたいと思う人が減ってしまっているという危機感がある。

　2014年に松本山雅に移籍してきて、最初に驚いたのは応援の熱量や支えてくれる人の思いの強さだ。週4日の練習の半分を一般公開し、練習後は必ずサインや写真撮影といったファンサービスをした。時には長蛇の列ができて、クラブハウスに戻るまで1時間近くかかることだってあった。それでも僕は、地域とのつながりを重視するクラブの方針に賛同してファンサービスを大切にしていた。

　メディアを通じて僕たちの思いや戦う姿勢を伝える取り組みも積極的だった。僕の記憶が正しければ、メディアに対して練習を完全非公開にしたのは試合前日の1日だけ。連日、新聞やテレビなどたくさんのメディア関係者が練習場に足を運んで、僕たちとファンやサポーター、それに地域とをつないでくれた。

　現役時代の最終盤はコロナ禍に見舞われ、練習場やスタジアムから人がいなくなった。ファンやサポーターとのつながりが松本山雅にとって最大のエネルギー源だったから、僕たちは大きな痛手を受けた。いまもコロナ禍の影響が完全になくなったわけではなく、かつてのような光景を取り戻せていない。

　目の前の試合に勝つことは大切だ。いつまでもJ3にいていいわけがない。一方で、たくさんの人に練習や試合を見てもらい、選手の思いや姿勢をサポーターと共有して一緒に戦うことにも成績と同等の価値があるのではないか。それこそが、松本山雅が大切にしてきた流儀だったはずだ。

　松本山雅がJ1で戦った時は、イニエスタやフェルナンドトーレスといった世界的スター選手とも同じピッチに立った。その試合のスタンドを埋め尽くしたサポーターのお目当ては対戦相手のスター選手だっただろうか。彼らに対して食らいつく藤田息吹（山形）や全力疾走する前田大然（セルティック）、最後まで諦めず必死に走る僕たち松本山雅の選手を見るために足を運び、声をからして応援してくれたのだと思っている。

　僕もクラブ内外で発信していく。そして、ファンやサポーター、それに地域の皆さんと一緒に行動する方法を探っていきたい。もっと身近に、もっと深く手を取り合って、一つになって進んでいかなければ、僕たちは大切なものをどんどん失ってしまう。クラブが掲げる「One Soul」とは何か。足元を見つめて、より真剣に考える時ではないだろうか。

引退しても続く新たな人生

（12月1日）

　昨年のシーズン最終戦を前に、僕は現役引退を表明した。横浜Mとプロ契約を結んだのは18歳の時。20年以上にわたるプロキャリアを終える決断は簡単ではなかったけれど、右膝のけがでサッカーができない状態が3年近く続いていて、これ以上は示しがつかないという思いが強かった。

　昨年10月30日のAC長野パルセイロとの信州ダービーをスタンドで見届けた僕は、翌日の紅白戦で実戦復帰した。右膝の状態が上向いたからではない。このタイミングで実戦を踏んでおかなければ、残り3試合で公式戦に戻ることは不可能だと考えていたからだ。予定を上回る60分間もプレーした僕の右膝は限界を超えていた。今だから明かすけれど、そこで僕は引退を覚悟した。

　チームは11月の富山戦と宮崎戦で2連敗。相模原との最終戦を前にJ2昇格が極めて厳しくなった。宮崎戦翌日の夜、僕は妻と話し合って引退の気持ちを固め、3人の子どもたちを呼んで家族会議をした。

　きっと、子どもたちは察したのだと思う。僕が話を切り出す前に、「（引退を）正式発表したら取り返しがつかなくなるから言わなくていい」とか「（気持ちが）変わるかもしれないから」と説得された。僕の決意は揺らいだ。でも、一番近くで僕を見てきた妻が言ってくれた「こんなつらい思いはもうしなくていい」とい

う言葉が後押しになって、僕は引退することを子どもたちに伝え、子どもたちも受け入れてくれた。

　相模原戦は僕にとって現役最後の試合になった。ベンチ入りした僕は試合前、先発する選手たちに「1-0や2-0にして（僕を）ピッチに入れろよ」と伝えたけれど、試合は0-0のまま推移。後半42分に名波さん（当時の名波浩監督）からピッチに送り出された僕は、「情けないな。ここからだぞ」って選手に声をかけてポジションについた。

　後半45分。膝が痛くて強い力でボールを蹴ることができない右足ではなく、僕は左足でゴール前にボールを送った。その折り返しに（中山）陸が飛び込んで先制ゴール。終了間際の劇的な展開だったけれど、偶然で片付けていいはずがないと僕は思っている。20年以上、目の前の試合に勝つために僕の全てをサッカーに懸けてきた。あのゴールも勝利も、必然だったと思う。

　プロサッカー選手としての田中隼磨は、1年前に終わった。それでも僕の人生は続いているし、1年前にそれまでをリセットして新たな人生を歩み始めたという感覚もない。けがで終わらなければならなかった僕のプロキャリアは不完全燃焼でやり残した思いが今もある。悔しい。そんな思いを僕は次へのエネルギーに変えて、今はプロサッカー選手でない田中隼磨を生きている。

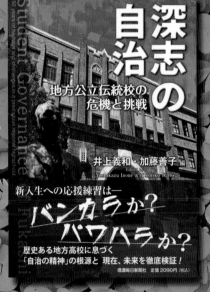

2023 公式戦全記録

1位 第3節 3/19 ニッパツ三ツ沢球技場 ▶3,453人 ▶晴

Y.S.C.C.横浜 0-3 松本山雅FC

0	前	0		
0	後	3		
6	SH	15		
11	GK	14		
2	CK	6		
15	FK	3		

Y.S.C.C.横浜				松本山雅FC	
佐川 亮介	1	GK	GK	21	ビクトル
柳 雄太郎	8	DF	DF	44	野々村鷹人
藤原 拓也	3	DF	DF	43	常田 克人
花房 稔	2	DF	MF	48	藤谷 壮
松村 航希	32	MF	MF	14	パウリーニョ
中里 崇宏	50	MF	MF	36	住田 将
大嶋 春樹	5	MF	MF	11	下川 陽太
菊谷 篤資	7	MF	FW	15	菊井 悠介
福田 翔生	21	FW	FW	23	滝 裕太
田原 廉登	24	FW	FW	49	渡邉 千真
萱沼 優聖	9	FW	FW	25	榎本 樹

交代要員

児玉 潤	16	GK	DF	41	山本 龍平
田場ディエゴ	6	MF	MF	11	喜山 康平
松井 大輔	22	MF	MF	29	村越 凱光
ロリスティネッリ	49	MF	FW	9	鈴木 国友
吉井 佑将	15	FW	FW	19	小松 蓮

▶得点【松】菊井(後3) 鈴木(後47) 小松(後49)
▶交代【松】渡邉(前23小松) 下川(後24山本) 榎本(後24村越) 滝(後37鈴木) パウリーニョ(後37喜山)【Y】田原(後1田場) 佐川(後11児玉) 大嶋(後30ティネッリ) 萱沼(後30吉井) 菊谷(後37松井)
▶警告【松】パウリーニョ【Y】田場

4位 第2節 3/12 岐阜メモリアルセンター長良川競技場 ▶6,733人 ▶曇

FC岐阜 1-1 松本山雅FC

1	前	0		
0	後	1		
10	SH	11		
10	GK	14		
6	CK	7		
14	FK	15		

FC岐阜				松本山雅FC	
松本 拓也	1	GK	GK	21	ビクトル
宇賀神友弥	3	DF	DF	44	野々村鷹人
川上 竜	40	DF	DF	43	常田 克人
和田 侑樹	25	DF	MF	48	藤谷 壮
山内 彰	32	MF	MF	14	パウリーニョ
庄司 悦大	10	MF	MF	36	住田 将
生地 慶充	14	MF	MF	11	下川 陽太
藤岡 浩介	11	MF	FW	15	菊井 悠介
窪田 稜	8	FW	FW	23	滝 裕太
村田 透馬	7	FW	FW	19	小松 蓮
ンドカ チャールス	45	FW	FW	25	榎本 樹

交代要員

北 龍磨	2	DF	DF	2	宮部 大己
浮田 健誠	15	MF	MF	34	稲福 卓
田口 裕也	48	FW	MF	29	村越 凱光
			FW	42	田中 想来
			FW	49	渡邉 千真

▶得点【松】パウリーニョ(前43)【岐】窪田(前14)
▶交代【松】小松(後24渡邉) 榎本(後24村越) 滝(後38田中) 住田(後41稲福) 藤谷(後41宮部)【岐】山内彰(後11北) ンドカ(後34田口) 村田(後34浮田)
▶警告【岐】和田、ンドカ

2位 第1節 3/5 ロートフィールド奈良 ▶4,808人 ▶晴

奈良クラブ 0-2 松本山雅FC

0	前	1		
0	後	1		
3	SH	7		
10	GK	5		
5	CK	2		
8	FK	18		

奈良クラブ				松本山雅FC	
アルナウ	31	GK	GK	21	ビクトル
伊勢 渉	4	DF	DF	44	野々村鷹人
鈴木 大誠	5	DF	DF	43	常田 克人
都並 優太	13	DF	MF	48	藤谷 壮
寺村 浩平	33	MF	MF	14	パウリーニョ
可児 壮隆	17	MF	MF	36	住田 将
片岡 爽	20	MF	MF	11	下川 陽太
桑島 良汰	14	FW	FW	15	菊井 悠介
金子 昌広	9	FW	FW	23	滝 裕太
嫁阪 翔太	39	FW	FW	19	小松 蓮
浅川 隼人	29	FW	FW	25	榎本 樹

交代要員

堀内 颯人	8	MF	DF	2	宮部 大己
山本宗太朗	10	MF	MF	34	稲福 卓
西田 恵	16	MF	MF	29	村越 凱光
酒井 達磨	19	FW	FW	42	田中 想来
			FW	49	渡邉 千真

▶得点【松】小松(前31) 村越(後39)
▶交代【松】榎本(後20村越) 滝(後27田中) 小松(後27渡邉) 菊井(後42稲福) 藤谷(後42宮部)【奈】桑島(後1山本) 金子(後15酒井) 嫁阪(後34西田) 可児(後42堀内)
▶警告【松】野々村【奈】鈴木、都並

3位 第7節 4/16 サンプロアルウィン ▶8,492人 ▶晴

松本山雅FC 3-4 アスルクラロ沼津

2	前	2		
1	後	2		
16	SH	13		
8	GK	8		
5	CK	9		
15	FK	11		

松本山雅FC				アスルクラロ沼津	
ビクトル	21	GK	GK	45	武者 大夢
野々村鷹人	44	DF	DF	3	安在 達弥
常田 克人	43	DF	DF	??	篠崎 輝和
藤谷 壮	48	MF	DF	13	附木 雄也
パウリーニョ	14	MF	DF	88	濱 託巳
住田 将	36	MF	MF	18	菅井 拓也
山本 龍平	41	MF	MF	8	持井 響太
菊井 悠介	15	FW	MF	14	徳永晃太郎
鈴木 国友	9	FW	FW	23	津久井匠海
小松 蓮	19	FW	FW	27	和田 育
榎本 樹	25	FW	FW	8	鈴木拳士郎

交代要員

喜山 康平	11	MF	DF	4	大迫 暁
下川 陽太	8	MF	MF	21	森 夢真
稲福 卓	34	MF	FW	17	ブラウンノア賢信
國分 龍司	30	MF	FW	33	赤塚ミカエル
村越 凱光	29	MF			

▶得点【松】小松(前24) 榎本(前43) 山本(後37)【沼】鈴木(前15) 和田(前26) 篠崎(後41) 森(後42)
▶交代【松】住田(後1喜山) 鈴木(後18村越) 藤谷(後28下川) 山本(後38稲福) 榎本(後38國分)【沼】和田(後22赤塚) 安在(後33大迫) 鈴木(後37森) 津久井(後37ブラウン)
▶警告【松】野々村、山本、榎本【沼】赤塚

2位 第6節 4/9 ミクニワールドスタジアム北九州 ▶3,561人 ▶晴

ギラヴァンツ北九州 2-4 松本山雅FC

1	前	2		
1	後	2		
14	SH	12		
11	GK	8		
8	CK	5		
7	FK	15		

ギラヴァンツ北九州				松本山雅FC	
加藤 有輝	32	GK	GK	16	村山 智彦
乾 貴哉	28	DF	DF	44	野々村鷹人
木村 武揚	5	DF	DF	43	常田 克人
村松 航太	3	MF	MF	48	藤谷 壮
坂本 翔	23	MF	MF	14	パウリーニョ
井澤 春輝	18	MF	MF	36	住田 将
高吉 正真	34	MF	MF	41	山本 龍平
岡田 優希	10	MF	MF	23	滝 裕太
野瀬 龍世	41	FW	MF	15	菊井 悠介
平原 隆暉	16	MF	FW	9	鈴木 国友
上形 洋介	7	FW	FW	19	小松 蓮

交代要員

大石 悠介	33	MF	MF	11	喜山 康平
岡野 凜平	17	MF	MF	8	下川 陽太
前川 大河	8	MF	MF	30	國分 龍司
中山 雄希	18	MF	MF	29	村越 凱光
高 昇辰	29	FW	FW	25	榎本 樹

▶得点【松】小松(前15、前31、後18) 村越(後43)【北】乾(前4) 岡田(後4)
▶交代【松】住田(後10喜山) 鈴木(後19榎本) 滝(後19下川) 小松(後36國分)【北】本村(後1大石) 上形(後19高昇辰) 平原(後26前川) 野瀬(後26中山) 井澤(後34岡野)
▶警告【松】住田【北】井澤

4位 第5節 4/2 サンプロアルウィン ▶8,407人 ▶晴

松本山雅FC 0-0 ガイナーレ鳥取

0	前	0		
0	後	0		
14	SH	5		
10	GK	11		
6	CK	6		
8	FK	12		

松本山雅FC				ガイナーレ鳥取	
ビクトル	21	GK	GK	1	糸原紘史郎
野々村鷹人	44	DF	DF	8	田中 恵太
常田 克人	43	DF	DF	3	増谷 幸祐
藤谷 壮	48	MF	DF	4	鈴木 順也
住田 将	36	MF	DF	6	文 仁柱
パウリーニョ	14	MF	MF	17	東條 敦輝
下川 陽太	8	MF	MF	10	世瀬 啓人
村越 凱光	29	FW	MF	14	普光院 誠
小松 蓮	19	FW	MF	18	富樫 佑太
鈴木 国友	9	FW	FW	19	重松健太郎
菊井 悠介	15	FW	FW	11	大久保 優

交代要員

山本 龍平	41	DF	DF	16	石井 光輝
稲福 卓	34	MF	MF	7	田村 亮介
國分 龍司	30	MF	MF	20	小澤 秀充
滝 裕太	23	MF	FW	9	澤上 竜二

▶交代【松】藤谷(後16山本) 村越(後16滝) 小松(後35國分) 住田(後42稲福)【取】富樫(後1小澤) 大久保(後19澤上) 東條(後19田村) 重松(後42石井)
▶警告【松】小松【取】鈴木

1位 第4節 3/26 サンプロアルウィン ▶6,880人 ▶雨

松本山雅FC 1-1 テゲバジャーロ宮崎

0	前	0		
1	後	1		
14	SH	8		
6	GK	10		
3	CK	6		
12	FK	9		

松本山雅FC				テゲバジャーロ宮崎	
ビクトル	21	GK	GK	21	清水 羅偉
野々村鷹人	44	DF	DF	2	青山 生
常田 克人	43	DF	DF	4	西岡 大志
藤谷 壮	48	MF	DF	28	眞鍋 旭輝
住田 将	36	MF	MF	6	大熊 健太
喜山 康平	11	MF	MF	10	下澤 悠太
下川 陽太	8	MF	MF	14	江口 稜馬
滝 裕太	23	FW	MF	80	永田 一真
鈴木 国友	9	MF	MF	16	石津 大介
小松 蓮	19	FW	FW	7	青戸 翔
菊井 悠介	15	FW	FW	11	橋本 啓吾

交代要員

山本 龍平	41	DF	DF	17	小川 真輝
榎本 樹	25	FW	DF	18	山崎 亮平
村越 凱光	29	MF	FW	25	髙橋 一輝
田中 想来	42	FW	FW	42	南野 遥海

▶得点【松】菊井(後20)【崎】南野(後31)
▶交代【松】滝(後16村越) 下川(後27山本) 鈴木(後27榎本) 小松(後37田中)【崎】石津(後16髙橋) 橋本(後16南野) 永田(後27山崎) 青戸(後27小川)
▶警告【松】菊井【崎】橋本、青山

9位 第11節 5/28 サンプロアルウィン ▶7,526人 ▶晴

松本山雅FC 2-4 鹿児島ユナイテッドFC

松本			鹿児島
2	前		1
0	後		3
15	SH		9
12	GK		15
10	CK		2
12	FK		14

松本山雅FC			鹿児島ユナイテッドFC
ビクトル 21	GK	GK	13 松山 健太
藤谷 壮 48	DF	DF	14 野嶽 寛也
野々村鷹人 44	DF	DF	4 広瀬 健太
常田 克人 43	DF	DF	23 岡本 將成
下川 陽太 8	DF	DF	6 渡邊 英祐
パウリーニョ 14	MF	MF	35 中原 秀人
安東 輝 4	MF	MF	30 木村 祐志
渡邉 千真 49	MF	MF	25 端戸 仁
菊井 悠介 15	FW	FW	11 五領 淳樹
小松 蓮 19	FW	FW	24 藤本 憲明
村越 凱光 29	FW	FW	18 福田望久斗

交代要員

住田 将 36	MF	MF	27 山口 卓己
山本 龍平 41	MF	MF	20 圓道 将良
ルーカスヒアン 7	FW	FW	19 山本 駿亮
滝 裕太 23	FW	FW	9 有田 光希
鈴木 国友 9	FW	FW	46 武 星弥

▶得点【松】小松(前21) 野々村(前44)【児】藤本(前30) 福田(後3) 山口(後45) 武(後49)
▶交代【松】安東(前26住田) 村越(後22ルーカスヒアン) 渡邉(後25鈴木) パウリーニョ(後34滝) 藤谷(後34山本)【児】五領(後18圓道) 木村(後27山口) 藤本(後27有田) 福田(後27武) 端戸(後42山本)
▶警告【松】野々村、菊井

7位 第10節 5/13 長野Uスタジアム ▶12,458人 ▶雨

AC長野パルセイロ 2-1 松本山雅FC

長野			松本
1	前		0
1	後		1
4	SH		4
15	GK		12
6	CK		2
14	FK		26

AC長野パルセイロ			松本山雅FC
金 珉浩 21	GK	GK	21 ビクトル
池ヶ谷颯斗 5	DF	DF	44 野々村鷹人
秋山 拓也 3	DF	DF	43 常田 克人
佐古 真礼 35	MF	MF	13 橋内 優也
船橋 勇真 4	MF	MF	14 パウリーニョ
宮阪 政樹 15	MF	MF	4 安東 輝
杉井 颯	MF	FW	41 山本 龍平
佐藤 祐太 17	FW	FW	15 菊井 悠介
近藤 貴司 8	FW	FW	19 小松 蓮
三田 尚希 14	FW	FW	25 榎本 樹
進 昂平 11	FW		

交代要員

西村 恭史	MF	DF	2 宮部 大己
森川 裕基 16	MF	MF	32 米原 秀亮
音泉 翔眞 18	MF	MF	29 村越 凱光
山本 大貴 33	FW	MF	30 國分 龍司
		FW	49 渡邉 千真

▶得点【松】小松(後48)【長】秋山(前32) 山本(後34)
▶交代【松】榎本(後1國分) 橋内(後14宮部) 鈴木(後14渡邉) パウリーニョ(後14米原) 山本(後33村越)【長】進(後1山本) 佐藤(後14西村) 三田(後28森川) 近藤(後38音泉)
▶警告【松】野々村、菊井【長】佐藤、音泉

5位 第9節 5/3 サンプロアルウィン ▶10,994人 ▶晴

松本山雅FC 1-0 FC大阪

松本			大阪
0	前		0
1	後		0
10	SH		11
11	GK		10
3	CK		3
10	FK		4

松本山雅FC			FC大阪
ビクトル 21	GK	GK	1 永井 建成
野々村鷹人 44	DF	DF	2 永島 和也
常田 克人 43	DF	DF	39 松田 佳大
藤谷 壮 48	MF	MF	26 板倉 洸
パウリーニョ 14	MF	MF	6 舘野 俊祐
安東 輝 4	MF	MF	33 禹 相皓
山本 龍平 41	FW	FW	28 矢吹 健人
村越 凱光 29	FW	FW	16 利根 瑠偉
菊井 悠介 15	FW	FW	9 今村 優介
小松 蓮 19	FW	FW	14 田中 直基
榎本 樹	FW	FW	32 島田 拓海

交代要員

橋内 優也 13	MF	MF	22 吉馴 空矢
下川 陽太 8	MF	MF	17 町田蘭次郎
喜山 康平	MF	MF	19 上月 翔聖
米原 秀亮	MF	MF	28 古川 大悟
滝 裕太 23	FW	FW	36 ジョアンヴィクトール

▶得点【松】菊井(後29)
▶交代【松】安東(後14米原) 藤谷(後25下川) 村越(後25滝)【阪】今村(後14古川) 禹相皓(後14町田) 利根(後30上月) 島田(後40ジョアンヴィクトール) 田中(後40吉馴)
▶警告【松】山本、菊井

6位 第8節 4/29 富山県総合運動公園陸上競技場 ▶6,225人 ▶曇

カターレ富山 3-0 松本山雅FC

富山			松本
2	前		0
1	後		0
11	SH		6
13	GK		10
6	CK		10
7	FK		17

カターレ富山			松本山雅FC
田川 知樹 21	GK	GK	16 村山 智彦
大畑 隆也 3	DF	DF	44 野々村鷹人
今瀬 淳也 5	DF	DF	43 常田 克人
柳下 大樹 19	MF	MF	8 下川 陽太
大山 武蔵 20	MF	MF	14 パウリーニョ
末木 裕也 16	MF	MF	36 住田 将
坪川 潤之 17	MF	MF	41 山本 龍平
安藤 由翔 13	MF	FW	15 菊井 悠介
松岡 大智 8	MF	FW	25 榎本 樹
吉平 翼 27	FW	FW	19 小松 蓮
高橋 駿太 39	FW	FW	29 村越 凱光

交代要員

神山 京右 4	MF	MF	48 藤谷 壮
碓井 鉄平 6	MF	MF	11 喜山 康平
椎名 伸志 22	MF	MF	23 滝 裕太
大野 耀平 9	MF	FW	鈴木 国友
マテウスレイリア 10	FW	FW	42 田中 想来

▶得点【富】高橋(前40) 吉平(後46) 安藤(後46)
▶交代【松】下川(後1藤谷) 住田(後13鈴木) 村越(後13田中)【富】松岡(後17マテウスレイリア) 柳下(後17神山) 坪川(後31碓井) 高橋(後31大野) 吉平(後49椎名)
▶警告【松】下川、喜山【富】坪川、大山

4位 第15節 6/24 いわぎんスタジアム ▶1,740人 ▶晴

いわてグルージャ盛岡 1-0 松本山雅FC

岩手			松本
1	前		0
0	後		0
6	SH		7
11	GK		6
3	CK		6
12	FK		12

いわてグルージャ盛岡			松本山雅FC
丹野 研太 1	GK	GK	16 村山 智彦
石田 崚真 13	DF	DF	2 宮部 大己
田代 真一 5	DF	DF	13 橋内 優也
甲斐健太郎 6	DF	DF	43 常田 克人
新保 海鈴 48	DF	DF	8 下川 陽太
李 栄直	MF	MF	4 安東 輝
松原 亘紀 36	MF	MF	14 パウリーニョ
和田 昌士 7	MF	FW	15 菊井 悠介
桐 蒼太 11	FW	FW	19 小松 蓮
佐藤 未勇 22	FW	FW	25 榎本 樹
藤村 怜 27	FW	FW	23 滝 裕太

交代要員

弓削 翼 8	MF	DF	48 藤谷 壮
南 拓都 14	MF	MF	11 喜山 康平
水野 晃樹 29	MF	MF	9 鈴木 国友
オタボーケネス 80	FW	FW	29 村越 凱光
宮市 剛 18	FW	FW	49 渡邉 千真

▶得点【岩】和田(前16)
▶交代【松】滝(後1村越) 宮部(後1藤谷) パウリーニョ(後27渡邉)【岩】和田(後17オタボー) 佐藤(後17宮市) 桐(後22南) 松原(後35弓削) 藤村(後35水野)
▶警告【岩】桐、松原、丹野、オタボー、李栄直

4位 第14節 6/17 サンプロアルウィン ▶7,317人 ▶晴

松本山雅FC 2-0 カマタマーレ讃岐

松本			讃岐
1	前		0
1	後		0
19	SH		8
4	GK		11
3	CK		5
18	FK		12

松本山雅FC			カマタマーレ讃岐
村山 智彦 16	GK	GK	1 今村 勇太
宮部 大己 2	DF	DF	10 川﨑 一輝
橋内 優也 13	DF	DF	3 宗近 慧
常田 克人 43	DF	DF	16 奥田 雄大
下川 陽太 8	DF	DF	21 臼井 貫太
住田 将 36	MF	MF	7 江口 直生
パウリーニョ 14	MF	MF	長谷川 隼
村越 凱光 29	FW	FW	8 森 勇人
菊井 悠介 15	MF	MF	17 後藤 卓磨
小松 蓮 19	FW	FW	25 福井 悠人
滝 裕太 23	FW	FW	18 森本ヒマン

交代要員

藤谷 壮 48	MF	DF	31 武下 智哉
喜山 康平 11	MF	MF	吉田源五郎
榎本 樹 25	FW	MF	20 下川 太陽
渡邉 千真 49	FW	FW	19 赤星 魁麻

▶得点【松】滝(前38) 小松(後15)
▶交代【松】住田(後16喜山) 滝(後27渡邉) 村越(後27榎本) 宮部(後38藤谷)【讃】福井(後16吉田) 臼井(後16赤星) 川﨑(後38下川) 森本(後38下川)
▶警告【松】渡邉、パウリーニョ【讃】川﨑

5位 第13節 6/11 今治里山スタジアム ▶3,749人 ▶曇

FC今治 0-2 松本山雅FC

今治			松本
0	前		1
0	後		1
11	SH		4
9	GK		9
11	CK		5
13	FK		13

FC今治			松本山雅FC
伊藤 元太 44	GK	GK	16 村山 智彦
市原 亮太 15	DF	DF	2 宮部 大己
照山 颯人 5	DF	DF	13 橋内 優也
二見 宏志 26	DF	DF	43 常田 克人
松本 雄真 23	MF	DF	8 下川 陽太
マルクスヴィニシウス 10	MF	MF	36 住田 将
三門 雄大	MF	MF	14 パウリーニョ
楠美 圭史 25	FW	FW	23 滝 裕太
近藤 高虎	FW	FW	19 小松 蓮
ドゥドゥ 6	FW	FW	29 村越 凱光
中川 風希	FW	FW	15 菊井 悠介

交代要員

冨田 康平	MF	MF	39 篠原弘次郎
山田 貴文 7	MF	MF	32 米原 秀亮
パクスビン 19	FW	FW	25 榎本 樹
安藤 一哉	FW	FW	49 渡邉 千真
武井 成豪 15	FW		

▶得点【松】小松(前18、後44)
▶交代【松】滝(後24榎本) 住田(後24米原) 菊井(後42渡邉) 村越(後42篠原)【今】ドゥドゥ(後30武井) 楠美(後30パクスビン) 二見(後39冨田) 松本(後39山田) 三門(後39安藤)
▶警告【松】滝【今】ドゥドゥ、マルクスヴィニシウス

7位 第12節 6/3 サンプロアルウィン ▶6,356人 ▶晴

松本山雅FC 5-3 SC相模原

松本			相模原
2	前		0
3	後		3
13	SH		7
11	GK		10
11	CK		5
11	FK		11

松本山雅FC			SC相模原
村山 智彦 16	GK	GK	31 古賀 貴大
宮部 大己 2	DF	DF	25 田中 陸
橋内 優也 13	DF	DF	19 國廣 周平
常田 克人 43	DF	DF	4 山下 諒時
下川 陽太 8	DF	DF	5 綿引 康
パウリーニョ 14	MF	MF	27 西山 拓実
住田 将 36	MF	FW	22 佐相 壱明
滝 裕太 23	FW	FW	9 藤沼 拓夢
渡邉 千真 49	FW	FW	若林 龍
小松 蓮 19	FW	FW	18 松澤 彰
村越 凱光 29	FW		

交代要員

喜山 康平 11	MF	DF	6 温井 駿斗
米原 秀亮 32	MF	DF	8 橋本 陸
ルーカスヒアン 7	FW	MF	11 デュークカルロス
國分 龍司 30	FW	MF	24 牧山 晃豊
鈴木 国友 9	FW	FW	26 繆イブラヒムジュニア

▶得点【松】OG(前9) 村越(後34) パウリーニョ(後7) 滝(後14) 小松(後16)【相】綿引(後18) OG(後42) 栗原(後43)
▶交代【松】住田(後17米原) 小松(後31鈴木) 村越(後37國分) 滝(後37ルーカスヒアン) パウリーニョ(後37喜山)【相】國廣(後18温井) 田中(後18デューク) 松澤(後18栗原) 吉武(後20牧山) 若林(後35橋本)

6位　第19節 7/22 サンプロアルウィン
▶9,835人　▶曇のち雨

松本山雅FC　3-0　ヴァンラーレ八戸

松本山雅FC		ヴァンラーレ八戸
1	前	0
2	後	0
13	SH	5
14	GK	8
2	CK	2
13	FK	6

松本山雅FC	No	Pos		Pos	No	ヴァンラーレ八戸
村山 智彦	16	GK		GK	25	谷口 裕介
藤谷 壮	48	DF		DF	39	近石 哲平
野々村鷹人	44	DF		DF	24	山田 尚幸
常田 克人	43	DF		DF	20	蓬田 広大
下川 陽太	8	MF		MF	48	相田 勇樹
安東 輝	4	MF		MF	7	前澤 甲気
國分 龍司	30	MF		MF	9	姫野 宥弥
鈴木 国友	9	FW		MF	32	國分 将
菊井 悠介	15	FW		MF	5	稲積 大介
安永 玲央	46	FW		FW	7	佐藤 碧
滝 裕太	23	FW		FW	11	佐々木 快

交代要員

宮部 大己	2	DF		DF	19	加藤慎太郎
喜山 康平	11	MF		MF	17	妹尾 直哉
住田 将	36	MF		MF	27	丹羽 一陽
榎本 樹	25	MF		MF	30	山内 陸
渡邉 千真	49	FW		FW		宮本 拓弥

▶得点【松】滝(前19)鈴木(後33)渡邉(後36)
▶交代【松】安東(後34中田)國分(後34渡邉)藤谷(後34宮部)滝(後44榎本)安永(後44喜山)【八】國分(後1山内)佐藤(後13妹尾)稲積(後35丹羽)姫野(後35宮本)山田(後38加藤)
▶警告【松】安東、安永

10位　第18節 7/16 サンプロアルウィン
▶7,640人　▶晴

松本山雅FC　1-2　福島ユナイテッドFC

松本山雅FC		福島ユナイテッドFC
1	前	1
0	後	1
7	SH	6
6	GK	9
3	CK	7
11	FK	11

松本山雅FC	No	Pos		Pos	No	福島ユナイテッドFC
村山 智彦	16	GK		GK	22	山本 海人
藤谷 壮	48	DF		DF	4	堂鼻 起暉
野々村鷹人	44	DF		DF	7	田中 康介
常田 克人	43	DF		DF	11	雪江 悠人
下川 陽太	8	MF		MF	28	鈴 直樹
安東 輝	4	MF		MF	4	大武 峻
喜山 康平	11	MF		MF	55	柴田 徹
菊井 悠介	15	FW		FW	8	吉永 大志
小松 蓮	19	FW		FW	10	森 晃太
國分 龍司	30	FW		FW	41	上畑佑平士
滝 裕太	23	FW		FW	39	塩浜 遼

交代要員

宮部 大己	2	DF		DF	27	野末 学
米原 秀亮	32	MF		MF	13	宮崎 智彦
住田 将	36	MF		MF	30	清田奈央弥
榎本 樹	25	MF		FW	9	樋口 星輝
鈴木 国友	9	FW		FW	40	樋口 寛規

▶得点【松】小松(前4)【島】塩浜(前37)雪江(後43)
▶交代【松】喜山(後1米原)滝(後25鈴木)安東(後32住田)藤谷(後35宮部)國分(後35榎本)【島】森(後24長野)塩浜(後33樋口)吉永(後33宮崎)柴田(後48野末)雪江(後48清田)
▶警告【松】常田、藤谷

9位　第17節 7/8 タピック県総ひやごんスタジアム
▶4,396人　▶晴

FC琉球　2-1　松本山雅FC

FC琉球		松本山雅FC
0	前	1
2	後	0
7	SH	4
6	GK	13
8	CK	7
13	FK	18

FC琉球	No	Pos		Pos	No	松本山雅FC
田口 潤人	26	GK		GK	16	村山 智彦
高安 孝幸	19	DF		DF	48	藤谷 壮
柳 貴博	99	DF		DF	44	野々村鷹人
森 侑里	3	DF		DF	43	常田 克人
福村 貴幸	7	MF		DF	8	下川 陽太
平松 克樹	18	MF		MF	14	パウリーニョ
武沢 一翔	5	FW		MF	11	喜山 康平
白井 陽斗	7	FW		FW	15	菊井 悠介
岩本 翔	13	FW		MF	19	小松 蓮
阿部 拓馬	16	FW		MF	25	榎本 樹
				FW	23	滝 裕太

交代要員

富所 悠	10	FW		DF	13	橋内 優也
藤原 志龍	33	DF		MF	40	樋口 大輝
サダムスレイ	35	FW		MF	34	稲福 卓
				MF	36	住田 将
				FW	30	國分 龍司

▶得点【松】菊井(前2)【琉】スレイ(後39)阿部(後45)
▶交代【松】榎本(後1國分)パウリーニョ(後18住田)喜山(後27稲福)藤谷(後27樋口)野々村(後38橋内)【琉】岩本(後17スレイ)中野(後31富所)白井(後31藤原)
▶警告【琉】福村、武沢、藤原

6位　第16節 7/1 サンプロアルウィン
▶5,169人　▶雨

松本山雅FC　1-1　愛媛FC

松本山雅FC		愛媛FC
0	前	0
1	後	1
9	SH	11
11	GK	13
7	CK	13
15	FK	16

松本山雅FC	No	Pos		Pos	No	愛媛FC
村山 智彦	16	GK		GK	36	辻 周吾
宮部 大己	2	DF		DF	16	三原 秀真
野々村鷹人	44	DF		DF	37	森下 怜哉
常田 克人	43	DF		DF	33	小川 大空
下川 陽太	8	MF		DF	4	山口 竜弥
喜山 康平	11	MF		MF	3	森脇 良太
村越 凱光	29	MF		FW	20	矢田 旭
菊井 悠介	15	MF		MF	24	佐藤 諒
小松 蓮	19	FW		MF	17	茂木 駿佑
滝 裕太	23	FW		FW	9	ベンダンカン
				FW	10	松田 力

交代要員

藤谷 壮	48	DF		MF	6	佐々木 匠
パウリーニョ	14	MF		MF	7	曽根田 穣
榎本 樹	25	MF		FW	11	深堀 隼平
鈴木 国友	9	FW				

▶得点【松】野々村(後28)【愛】矢田(後10)
▶交代【松】滝(後16榎本)宮部(後16藤谷)安東(後21パウリーニョ)喜山(後27鈴木)【愛】佐藤(後29曽根田)ダンカン(後29深堀)茂木(後39佐々木)
▶警告【松】滝、菊井【愛】森脇、ダンカン、松田
▶退場【松】村越

10位　第23節 8/19 白波スタジアム
▶5,374人　▶晴のち雨

鹿児島ユナイテッドFC　0-2　松本山雅FC

鹿児島ユナイテッドFC		松本山雅FC
0	前	1
0	後	1
10	SH	5
16	GK	16
6	CK	3
11	FK	11

鹿児島ユナイテッドFC	No	Pos		Pos	No	松本山雅FC
松山 健太	13	GK		GK	16	村山 智彦
野嶽 寛也	14	DF		DF	48	藤谷 壮
戸根 一誓	28	DF		DF	44	野々村鷹人
岡本 將成	23	DF		DF	43	常田 克人
薩川 淳貴	5	DF		DF	8	下川 陽太
千布 一輝	46	MF		MF	46	安永 玲央
山口 卓己	27	MF		MF	9	鈴木 国友
端戸 仁	25	MF		MF	32	米原 秀亮
五領 淳樹	11	FW		FW	15	菊井 悠介
鈴木 翔大	34	FW		FW	19	小松 蓮
米澤 令汰	14	FW		FW	18	野澤 零温

交代要員

ロメロフランク	10	MF		DF	13	橋内 優也
圓道 将良	20	DF		DF	40	樋口 大輝
有田 光希	9	FW		MF	36	住田 将
藤本 憲明	24	FW		MF	30	國分 龍司
				MF	23	滝 裕太

▶得点【松】藤谷(前13)小松(後10)
▶交代【松】野々村(後17橋内)鈴木(後17滝)野澤(後17國分)【児】端戸(後19ロメロフランク)五領(後19圓道)米澤(後26有田)千布(後38藤本)
▶警告【松】安永、村山【児】戸根

12位　第22節 8/12 サンプロアルウィン
▶11,431人　▶晴

松本山雅FC　0-1　カターレ富山

松本山雅FC		カターレ富山
0	前	0
0	後	1
11	SH	7
14	GK	16
5	CK	3
21	FK	17

松本山雅FC	No	Pos		Pos	No	カターレ富山
村山 智彦	16	GK		GK	21	田川 知樹
藤谷 壮	48	DF		DF	25	安光 将作
野々村鷹人	44	DF		DF	5	今瀬 淳也
常田 克人	43	DF		DF	23	林堂 眞
下川 陽太	8	DF		DF	19	柳下 大樹
米原 秀亮	32	MF		MF	6	碓井 鉄平
安永 玲央	46	MF		MF	30	アルトゥールシルバ
菊井 悠介	15	MF		MF	27	吉平 翼
鈴木 国友	9	MF		MF	7	佐々木陽次
小松 蓮	19	FW		FW	8	松岡 大智
國分 龍司	30	FW		FW	9	大野 耀平

交代要員

篠原弘次郎	39	DF		DF	14	下堂 竜聖
山本 龍平	41	DF		MF	17	坪川 潤之
住田 将	36	MF		MF	22	椎名 伸志
滝 裕太	23	FW		MF		野口 竜彦
渡邉 千真	49	FW		FW	39	高橋 駿太

▶得点【富】大野(後21)
▶交代【松】鈴木(後24滝)下川(後24山本)藤谷(後24篠原)米原(後31住田)國分(後35渡邉)【富】佐々木(後14高橋駿)安光(後27野口)大野(後27坪川)アルトゥールシルバ(後46椎名)松岡(後46下堂)
▶警告【松】常田、安永【富】アルトゥールシルバ、安光

8位　第21節 8/5 Axisバードスタジアム
▶5,411人　▶晴

ガイナーレ鳥取　2-1　松本山雅FC

ガイナーレ鳥取		松本山雅FC
2	前	0
0	後	1
13	SH	6
13	GK	13
3	CK	3
14	FK	17

ガイナーレ鳥取	No	Pos		Pos	No	松本山雅FC
糸原紘史郎	1	GK		GK	16	村山 智彦
鈴木 順也	4	DF		DF	48	藤谷 壮
増谷 幸祐	3	DF		DF	44	野々村鷹人
飯泉 涼矢	2	DF		DF	43	常田 克人
普光院 誠	14	MF		DF	8	下川 陽太
長谷川アーリアジャスール	33	MF		MF	15	菊井 悠介
世瀬 啓人	10	MF		MF	46	安永 玲央
文 仁柱	6	MF		MF	4	安東 輝
牛之濱 拓	32	FW		FW	23	滝 裕太
重松健太郎	19	FW		FW	9	鈴木 国友
富樫 佑太	18	FW		FW	19	小松 蓮

交代要員

坂本 敬	24	DF		DF	39	篠原弘次郎
知久 航介	15	MF		MF	41	山本 龍平
小澤 秀充	20	MF		MF	36	住田 将
澤上 竜二	16	FW		FW	49	渡邉 千真
遊馬 将也	29	FW				

▶得点【松】菊井(後23)【鳥】富樫(前17)牛之濱(前37)
▶交代【松】下川(後11山本)安東(後14住田)鈴木(後27渡邉)滝(後27篠原)【取】重松(後14澤上)富樫(後27小澤)鈴木(後27坂本)長谷川(後42遊馬)牛之濱(後42知久)
▶警告【松】藤谷【取】重松

6位　第20節 7/29 ニンジニアスタジアム
▶4,012人　▶晴

愛媛FC　1-1　松本山雅FC

愛媛FC		松本山雅FC
0	前	0
1	後	1
5	SH	12
12	GK	6
6	CK	6
8	FK	20

愛媛FC	No	Pos		Pos	No	松本山雅FC
徳重 健太	1	GK		GK	16	村山 智彦
三原 秀真	16	DF		DF	48	藤谷 壮
森下 怜哉	37	DF		DF	44	野々村鷹人
小川 大空	33	DF		DF	43	常田 克人
山口 竜弥	4	DF		DF	8	下川 陽太
森脇 良太	3	MF		MF	15	菊井 悠介
矢田 旭	20	MF		MF	46	安永 玲央
茂木 駿佑	17	MF		MF	4	安東 輝
佐々木 匠	23	FW		MF	23	滝 裕太
升掛 友護	38	FW		FW	9	鈴木 国友
深堀 隼平	11	FW		FW	19	小松 蓮

交代要員

忽那 喬司	8	MF		DF	39	篠原弘次郎
佐藤 諒	24	MF		MF	11	喜山 康平
石浦 大雅	30	MF		MF	30	國分 龍司
ベンダンカン	25	FW		FW	25	榎本 樹
深澤 佑太	9	FW		FW	49	渡邉 千真

▶得点【松】小松(後43)【愛】石浦(後47)
▶交代【松】安東(後24喜山)鈴木(後24渡邉)滝(後24國分)【愛】升掛(後1佐藤)佐々木(後18石浦)深堀(後18ダンカン)茂木(後42忽那)森脇(後44深澤)
▶警告【松】小松【愛】森脇

9位 第27節 9/17 ユニリーバスタジアム新富
▶1,991人 ▶晴一時雨のち曇

テゲバジャーロ宮崎 0-1 松本山雅FC

	宮崎			
前	0		0	
後	0		1	
SH	4		9	
GK	6		9	
CK	7		3	
FK	18		17	

名前	背	Pos	Pos	背	名前
青木 心	55	GK	GK	16	村山 智彦
小川 真輝	17	DF	DF	2	宮部 大己
代 健司	3	DF	DF	44	野々村鷹人
眞鍋 旭輝	28	DF	DF	43	常田 克人
北村 椋太	5	DF	DF	41	山本 龍平
下津 祐太	14	MF	MF	46	安永 玲央
江口 稜馬	10	MF	MF	32	米原 秀亮
北村 知也	13	MF	FW	29	村越 凱光
石津 大介	16	MF	FW	15	菊井 悠介
山崎 亮平	18	MF	FW	19	小松 蓮
髙橋 一輝	25	MF	FW	18	野澤 零温

交代要員

名前	背	Pos	Pos	背	名前
杉浦 力斗	19	FW	DF	13	橋内 優也
青戸 翔	7	FW	MF	11	喜山 康平
南野 遥海	42	FW	MF	36	住田 将
永田 一真	80	FW	MF	23	滝 裕太

▶得点【松】村越(前33)
▶交代【松】野澤(後20滝) 米原(後26住田) 村越(後35橋内) 山本(後35喜山)【崎】北村知(後15永田) 髙橋(後15南野) 石津(後15青戸) 江口(後40杉浦)
▶警告【崎】髙橋、江口、眞鍋、代

10位 第26節 9/9 サンプロアルウィン
▶7,172人 ▶晴

松本山雅FC 2-1 FC琉球

	松本			
前	1		0	
後	1		1	
SH	13		6	
GK	10		13	
CK	9		2	
FK	10		12	

名前	背	Pos	Pos	背	名前
村山 智彦	16	GK	GK	26	田口 潤介
藤谷 壮	48	DF	DF	99	柳 貴博
野々村鷹人	44	DF	DF	3	森 侑里
常田 克人	43	DF	DF	2	牟田 雄祐
下川 陽太	2	MF	DF	2	福村 貴幸
安永 玲央	46	MF	MF	7	白井 陽斗
米原 秀亮	32	MF	MF	10	富所 悠
村越 凱光	29	FW	MF	8	清武 功暉
菊井 悠介	15	FW	FW	18	平松 昇
小松 蓮	19	FW	FW	9	野田隆之介
野澤 零温	18	FW			

交代要員

名前	背	Pos	Pos	背	名前
橋内 優也	13	DF	FW	22	上原 牧人
山本 龍平	41	MF	MF	6	岡澤 昂星
住田 将	36	MF	MF	11	中野 克哉
國分 龍司	16	MF	FW	16	阿部 拓馬
滝 裕太	23	MF	FW	35	サダムスレイ

▶得点【松】村越(前34) 菊井(後34)【琉】野田(後12)
▶交代【松】野澤(後26滝) 米原(後37住田) 藤谷(後37山本) 村越(後46國分) 村越(後46橋内)【琉】清武(後22中野) 富所(後31岡澤) 平松(後31阿部) 野田(後31スレイ) 白井(後41上原)
▶警告【松】小松【琉】清武、平松

10位 第25節 9/3 東大阪市花園ラグビー場
▶4,555人 ▶晴

FC大阪 3-1 松本山雅FC

	大阪			
前	2		1	
後	1		0	
SH	7		12	
GK	10		8	
CK	2		5	
FK	12		18	

名前	背	Pos	Pos	背	名前
永井 建成	1	GK	GK	16	村山 智彦
美馬 和也	2	DF	DF	48	藤谷 壮
板倉 洸	26	DF	DF	44	野々村鷹人
齊藤 隆成	3	DF	DF	43	常田 克人
舘野 俊祐	6	DF	MF	8	下川 陽太
禹 相皓	33	MF	MF	46	安永 玲央
小松 駿太	5	MF	MF	32	米原 秀亮
久保宝久斗	11	FW	FW	18	野澤 零温
田中 直基	19	MF	FW	19	小松 蓮
木匠 貴大	7	FW	FW	15	菊井 悠介
島田 拓海	32	FW	FW	9	鈴木 国友

交代要員

名前	背	Pos	Pos	背	名前
谷口 智紀	4	DF	DF	40	樋口 大輝
坂本 修佑	5	DF	MF	6	山口 一真
日髙 慶太	30	MF	MF	30	國分 龍司
利根 瑠偉	29	MF	MF	29	村越 凱光
松浦 拓弥	77	MF	FW	25	榎本 樹

▶得点【松】野澤(前48)【阪】木匠(前12、前20) 日髙(後47)
▶交代【松】鈴木(後15村越) 下川(後26樋口) 野澤(後26山口) 藤谷(後34蓬本) 米原(後34國分)【阪】木匠(後15利根) 田中(後29松浦) 小松(後29日髙) 島田(後29坂本) 美馬(後43谷口)
▶警告【松】菊井【阪】笠原、坂本

10位 第24節 8/26 サンプロアルウィン
▶7,418人 ▶雨のち曇

松本山雅FC 1-1 FC今治

	松本			
前	0		0	
後	1		1	
SH	11		8	
GK	11		12	
CK	4		3	
FK	15		10	

名前	背	Pos	Pos	背	名前
村山 智彦	16	GK	GK	31	セランテス
藤谷 壮	48	DF	DF	4	市原 亮太
野々村鷹人	44	DF	DF	5	照山 颯人
常田 克人	43	DF	DF	2	冨田 康平
下川 陽太	8	MF	MF	50	三門 雄大
安永 玲央	46	MF	MF	7	山田 貴史
米原 秀亮	32	MF	MF	18	新井 光
野澤 零温	18	FW	FW	33	土肥 航大
菊井 悠介	15	FW	FW	9	近藤 高虎
小松 蓮	19	FW	FW	30	千葉 寛汰
鈴木 国友	9	FW	FW	99	阪野 豊史

交代要員

名前	背	Pos	Pos	背	名前
橋内 優也	13	DF	DF	23	松本 雄真
樋口 大輝	40	DF	MF	15	武井 成豪
滝 裕太	23	MF	MF	25	楠美 圭史
村越 凱光	29	MF	FW	10	マルクスヴィニシウス

▶得点【松】村越(後42)【今】阪野(後26)
▶交代【松】野澤(後16村越) 鈴木(後16滝) 米原(後35橋内) 下川(後35樋口)【今】千葉(後14マルクスヴィニシウス) 土肥(後28楠美) 阪野(後33武井) 近藤(後33松本)
▶警告【松】米原【今】新井

6位 第31節 10/15 サンプロアルウィン
▶12,457人 ▶曇のち晴時々雨

松本山雅FC 1-0 AC長野パルセイロ

	松本			
前	0		0	
後	1		0	
SH	15		9	
GK	9		6	
CK	14		4	
FK	15		5	

名前	背	Pos	Pos	背	名前
村山 智彦	16	GK	GK	21	金 珉浩
藤谷 壮	48	DF	DF	37	高橋 耕平
野々村鷹人	44	DF	DF	7	大野 佑哉
常田 克人	43	DF	DF	5	池ヶ谷颯斗
山本 龍平	41	DF	DF	19	杉井 颯
安永 玲央	46	MF	MF	18	音泉 翔眞
米原 秀亮	32	MF	MF	10	原田 虹輝
村越 凱光	29	FW	FW	6	西村 恭史
菊井 悠介	15	FW	FW	14	三田 尚希
小松 蓮	19	FW	FW	10	山中 麗央
山口 一真	6	MF	FW	16	森川 裕基

交代要員

名前	背	Pos	Pos	背	名前
橋内 優也	13	DF	DF	4	船橋 勇真
下川 陽太	8	MF	MF	13	小西 陽向
住田 将	36	MF	MF	15	宮阪 政樹
野澤 零温	18	MF	MF	47	加藤 弘堅
渡邊 千真	49	FW	FW	33	山本 大貴

▶得点【松】野澤(後41)
▶交代【松】村越(後26野澤) 山本(後35下川) 山口(後35渡邊) 米原(後44住田)【長】高橋(後26山本) 音泉(後32船橋) 西村(後44宮阪) 山中(後44加藤) 杉井(後44小西)
▶警告【松】米原

9位 第30節 10/8 サンプロアルウィン
▶7,787人 ▶曇のち雨

松本山雅FC 1-4 いわてグルージャ盛岡

	松本			
前	0		2	
後	1		2	
SH	10		8	
GK	7		6	
CK	6		3	
FK	13		5	

名前	背	Pos	Pos	背	名前
村山 智彦	16	GK	GK	1	丹野 研太
藤谷 壮	48	DF	DF	5	田代 真一
野々村鷹人	44	DF	DF	6	甲斐健太郎
常田 克人	43	DF	DF	44	斉藤 諒
下川 陽太	8	MF	MF	18	宮市 剛
住田 将	36	MF	MF	27	藤村 怜
米原 秀亮	32	MF	MF	8	弓削 翼
野澤 零温	18	FW	MF	99	新保 海鈴
菊井 悠介	15	FW	FW	99	西 大伍
小松 蓮	19	FW	FW	80	オタボーケネス
村越 凱光	29	FW	FW	昌士	和田 昌士

交代要員

名前	背	Pos	Pos	背	名前
橋内 優也	13	DF	DF	13	石田 崚真
山口 一真	6	DF	DF	51	深津 康太
滝 裕太	23	MF	MF	11	桐 蒼太
鈴木 国友	9	FW	MF	9	加々美登生
			FW	22	佐藤 未勇

▶得点【松】小松(後5)【岩】和田(前34) オタボー(前46) 甲斐(後37) 加々美(後41)
▶交代【松】米原(後1山口) 村越(後22滝) 村越(後31鈴木) 下川(後31橋内)【岩】新保(後13石田) 西(後22加々美) 田代(後31深津) オタボー(後31佐藤) 和田(後31桐)
▶警告【松】村越【岩】弓削、西、桐

7位 第29節 9/30 プライフーズスタジアム
▶3,613人 ▶曇

ヴァンラーレ八戸 1-2 松本山雅FC

	八戸			
前	1		1	
後	0		1	
SH	11		8	
GK	12		12	
CK	9		5	
FK	12		20	

名前	背	Pos	Pos	背	名前
谷口 裕介	25	GK	GK	16	村山 智彦
加藤慎太郎	19	DF	DF	2	宮部 大己
近石 哲平	39	DF	DF	44	野々村鷹人
蓑田 広大	20	DF	DF	43	常田 克人
山田 尚幸	24	MF	MF	41	山本 龍平
内田 陸	30	MF	MF	46	安永 玲央
相田 勇樹	8	MF	MF	32	米原 秀亮
前澤 甲気	14	FW	FW	23	滝 裕太
稲積 大介	5	FW	FW	15	菊井 悠介
佐藤 碧	7	FW	FW	19	小松 蓮
オリオラサンデー	90	FW	FW	29	村越 凱光

交代要員

名前	背	Pos	Pos	背	名前
妹尾 直哉	17	DF	DF	13	橋内 優也
佐々木 快	11	DF	DF	48	藤谷 壮
			MF	36	住田 将
			MF	6	山口 一真
			FW	18	野澤 零温

▶得点【松】小松(後25) 野々村(後37)【八】佐藤(前4)
▶交代【松】宮部(前39藤谷) 滝(後1野澤) 安永(後22住田) 村越(後22山口) 米原(後36橋内)【八】佐藤(後29妹尾) 山内(後39佐々木)
▶警告【松】宮部、安永【八】前澤、サンデー

9位 第28節 9/24 サンプロアルウィン
▶9,091人 ▶晴

松本山雅FC 0-0 FC岐阜

	松本			
前	0		0	
後	0		0	
SH	7		8	
GK	5		1	
CK	3		1	
FK	15		10	

名前	背	Pos	Pos	背	名前
村山 智彦	16	GK	GK	1	茂木 秀
宮部 大己	2	DF	DF	14	生地 慶充
野々村鷹人	44	DF	DF	17	藤谷 匠
常田 克人	43	DF	DF	40	川上 竜
山本 龍平	41	DF	DF	3	宇賀神友弥
安永 玲央	46	MF	MF	6	北 龍磨
米原 秀亮	32	MF	MF	42	柏木 陽介
野澤 零温	18	FW	MF	8	窪田 稜
菊井 悠介	15	FW	MF	7	村田 透馬
小松 蓮	19	FW	FW	45	ンドカチャールス
村越 凱光	29	FW	FW	48	田口 裕也

交代要員

名前	背	Pos	Pos	背	名前
住田 将	36	MF	FW	16	久保田和音
山口 一真	6	MF	FW	19	松本 歩夢
滝 裕太	23	MF	FW	9	山内 寛史
鈴木 国友	9	FW	FW	11	藤岡 浩介
			FW	18	田中 順也

▶交代【松】野澤(後16村越) 山本(後32住田) 村越(後32鈴木) 米原(後47山口)【岐】田口(後23松本歩) 柏木(後30久保田) 村田(後45山内)
▶警告【岐】柏木、藤谷

4位　第35節 11/12 とうほう・みんなのスタジアム
▶1,226人　▶曇

福島ユナイテッドFC 1-1 松本山雅FC

	福島	松本	
前	0	1	
後	1	0	
SH	3	14	
GK	9	10	
CK	10	9	
FK	6	8	

山本 海人	22	GK	GK	21	ビクトル
雪江 悠人	11	DF	DF	48	藤谷 壮
野末 学	27	DF	DF	44	野々村鷹人
鈴 直樹	28	DF	DF	43	常田 克人
大武 峻	44	DF	DF	41	山本 龍平
柴田 徹	55	DF	MF	32	米原 秀亮
吉永 大志	8	MF	MF	29	村越 凱光
森 晃太	10	FW	FW	23	滝 裕太
宮崎 智彦	13	MF	MF	15	菊井 悠介
上畑佑士士	41	MF	FW	19	小松 蓮
塩浜 遼	39	FW	FW	6	山口 一真

交代要員
田中 康介	7	DF	DF	13	橋内 優也
澤上 竜二	9	FW	MF	36	住田 将
城定 幹大	20	FW	FW	9	鈴木 国友
長野 星輝	25	FW	FW	18	野澤 零温
樋口 寛規	40	FW	FW	25	榎本 樹

▶得点【松】渡邉(前44)【福】樋口(後35)
▶交代【松】滝(後23)野澤 渡邉(後29)榎本 米原(後29)住田 安永(後40)橋内 山口(後40)鈴木【福】宮崎(後10)中川 雪江(後23)樋江 塩浜(後23)城定 森(後23)長野 上畑(後43)澤上
▶警告【松】山口

5位　第34節 11/5 サンプロアルウィン
▶7,763人　▶晴

松本山雅FC 1-0 ギラヴァンツ北九州

	松本	北九州	
前	0	0	
後	1	0	
SH	13	5	
GK	10	11	
CK	10	5	
FK	17	17	

ビクトル	21	GK	GK	1	吉丸 絢梓
藤谷 壮	48	DF	DF	5	本村 武揚
野々村鷹人	44	DF	DF	6	村松 航太
常田 克人	43	DF	DF	23	坂本 翔
山本 龍平	41	DF	DF	46	ミケルアグ
安永 玲央	16	MF	MF	10	岡田 優希
米原 秀亮	32	MF	MF	11	永野 雄大
村越 凱光	29	FW	MF	15	若谷 拓海
菊井 悠介	15	MF	MF	41	野瀬 龍世
小松 蓮	19	FW	FW	17	岡野 凜平
山口 一真	6	MF	FW	29	高 昇辰

交代要員
橋内 優也	13	DF	DF	28	乾 貴哉
住田 将	36	MF	MF	16	平原 隆暉
滝 裕太	23	FW	MF	18	中山 雄希
野澤 零温	18	FW	FW	9	平山 駿
			FW	39	エドゥアルドメロ

▶得点【松】OG(後5)
▶交代【松】山口(後27滝) 村越(後27野澤) 菊井(後32渡邉) 安永(後42住田) 藤谷(後42橋内)【北】野瀬(後11中山) 岡村(後11平山) 坂本(後21乾) 高(後21エドゥアルド) 若谷(後42平原)
▶警告【松】小松【北】村松、ミケルアグ

6位　第33節 10/28 相模原ギオンスタジアム
▶3,244人　▶晴

SC相模原 0-2 松本山雅FC

	相模原	松本	
前	0	2	
後	0	0	
SH	8	11	
GK	10	6	
CK	5	6	
FK	12	24	

東 ジョン	35	GK	GK	21	ビクトル
國廣 周平	19	DF	DF	48	藤谷 壮
山下 諒時	イ	DF	DF	44	野々村鷹人
東 廉太	32	DF	DF	43	常田 克人
若林 龍	20	DF	DF	41	山本 龍平
岩上 祐三	47	MF	MF	16	安永 玲央
牧山 晃政	7	MF	MF	32	米原 秀亮
加藤 大育	2	MF	FW	29	村越 凱光
増田 隼司	30	MF	MF	15	菊井 悠介
安藤 翼	14	FW	FW	19	小松 蓮
瀬沼 優司	39	FW	MF	6	山口 一真

交代要員
水口 湧斗	3	DF	DF	13	橋内 優也
橋本 陸	8	DF	MF	14	パウリーニョ
デュークカルロス	11	MF	MF	36	住田 将
吉武 莉央	13	MF	FW	9	鈴木 国友
齊藤			FW	18	野澤 零温

▶得点【松】山口(前17)小松(前30)
▶交代【松】山口(後24野澤) 菊井(後24鈴木) 安永(後38パウリーニョ) 米原(後44橋内) 山本(後44住田)【相】瀬沼(後25デューク) 若林(後25橋本) 國廣(後25水口) 岩上(後38吉武) 牧山(後42齊藤)
▶警告【松】菊井、安永【相】牧山、増田

9位　第32節 10/22 愛鷹広域公園多目的競技場
▶3,657人　▶晴

アスルクラロ沼津 3-1 松本山雅FC

	沼津	松本	
前	1	1	
後	2	0	
SH	12	14	
GK	8	10	
CK	4	5	
FK	14	17	

武者 大夢	45	GK	GK	16	村山 智彦
安在 達弥	3	DF	DF	48	藤谷 壮
濱 託巳	88	DF	DF	44	野々村鷹人
附木 雄也	13	DF	DF	43	常田 克人
大迫 暁	4	DF	DF	8	下川 陽太
徳永晃太郎	14	MF	MF	46	安永 玲央
持井 響太	7	MF	MF	32	米原 秀亮
津久井匠海	23	FW	FW	29	村越 凱光
ブラウノア賢信	17	FW	MF	15	菊井 悠介
鈴木拳士郎	8	FW	FW	19	小松 蓮
			MF	6	山口 一真

交代要員
井上 航希	28	FW	DF	13	橋内 優也
染矢 一樹	11	FW	MF	36	住田 将
森 夢真	21	FW	FW	9	鈴木 国友
川又 堅碁	20	FW	FW	18	野澤 零温
和田 育	7	FW	FW	49	渡邉 千真

▶得点【松】小松(後27)【沼】津久井(前17)ブラウン(後12)附木(後37)
▶交代【松】安永(後20住田) 山口(後20野澤) 下川(後28渡邉) 藤谷(後28橋内)【沼】津久井(後30和田) 持井(後39森) ブラウン(後39川又) 徳永(後46染矢) 鈴木(後46井上)
▶警告【松】米原【沼】鈴木

長野県選手権大会　決勝戦
5/7 サンプロアルウィン
▶3,162人　▶雨

AC長野パルセイロ 1-1 松本山雅FC
PK 5-4

	長野	松本	
前	0	0	
後	1	1	
延長 前	0	0	
延長 後	0	0	
SH	15	13	
GK	17	23	
CK	10	4	
FK	14	11	

金 珉浩	21	GK	GK	21	ビクトル
大野 佑哉	7	DF	DF	13	橋内 優也
杉井 颯	19	DF	DF	43	常田 克人
西村 恭史	6	MF	DF	44	野々村鷹人
藤森 亮志	9	MF	MF	4	安東 輝
三田 尚希	29	MF	MF	32	米原 秀亮
佐藤 祐太	17	FW	MF	41	山本 龍平
原田 虹輝	32	MF	MF	29	村越 凱光
高橋 耕平	77	FW	FW	19	小松 蓮
山中 麗央	19	FW	FW	23	滝 裕太
森川 裕基	16	FW			

交代要員
船橋 勇真	4	DF	MF	11	喜山 康平
佐古 真礼	35	MF	MF	14	パウリーニョ
近藤 貴司	8	MF	MF	30	國分 龍司
音泉 翔眞	18	MF	MF	34	稲福 卓
安東 輝	25	MF	FW	25	榎本 樹
高窪 健人	23	FW	FW	42	田中 想来

▶得点【松】野々村(後23)【長】近藤(後20)
▶交代【松】滝(後16榎本) 村越(後16國分) 安東(後32パウリーニョ) 米原(後38喜山) 山本(延前1稲福) 榎本(延前1田中)【長】森川(後1古川) 山中(後1近藤) 藤森(後28音泉) 三田(後39音泉) 原田(後39音泉) 高橋(延前10高窪)
▶警告【松】山本【長】藤森、高橋、安東、船橋

9位　第38節 12/2 サンプロアルウィン
▶7,022人　▶晴

松本山雅FC 0-1 奈良クラブ

	松本	奈良	
前	0	0	
後	0	1	
SH	13	9	
GK	6	13	
CK	8	3	
FK	17	16	

ビクトル	21	GK	GK	15	岡田 慎司
藤谷 壮	48	DF	DF	22	生駒 稀生
野々村鷹人	44	DF	DF	4	伊勢 渉
常田 克人	43	DF	DF	5	鈴木 大誠
山本 龍平	41	DF	DF	11	加藤 徹也
安永 玲央	16	MF	MF	41	森田 凜
米原 秀亮	32	MF	MF	14	中島 賢星
滝 裕太	23	FW	FW	10	山本宗太朗
渡邉 千真	49	FW	FW	16	西田 恵
小松 蓮	19	FW	FW	19	酒井 達磨
山口 一真	6	MF	FW	29	浅川 隼人

交代要員
パウリーニョ	14	MF	DF	6	寺島はるひ
安東 輝	4	MF	DF	13	都並 優太
菊井 悠介	15	MF	MF	7	桑島 良汰
村越 凱光	29	MF	MF	39	嫁阪 翔以
榎本 樹	25	FW			

▶得点【奈】浅川(前44)
▶交代【松】渡邉(後1菊井) 滝(後16村越) 安永(後25パウリーニョ) 山口(後25安東) 藤谷(後37榎本)【奈】山本(後31桑島) 西田(後37浅川) 川(後46寺島) 酒井(後46都並)
▶警告【奈】加藤

9位　第37節 11/26 Pikaraスタジアム
▶3,390人　▶晴

カマタマーレ讃岐 0-0 松本山雅FC

	讃岐	松本	
前	0	0	
後	0	0	
SH	10	14	
GK	17	7	
CK	1	6	
FK	9	16	

高橋 拓也	13	GK	GK	21	ビクトル
川﨑 一輝	10	DF	DF	48	藤谷 壮
宗近 慧	3	DF	DF	44	野々村鷹人
奈良坂 巧	2	DF	DF	43	常田 克人
臼井 貫太	21	DF	DF	41	山本 龍平
下川 太陽	20	MF	MF	46	安永 玲央
江口 直生	5	MF	MF	32	米原 秀亮
竹村 俊二	4	MF	FW	29	村越 凱光
吉田源太郎	11	MF	MF	15	菊井 悠介
川西 翔太	48	FW	FW	19	小松 蓮
冨永 虹七	35	FW	MF	6	山口 一真

交代要員
小松 拓幹	5	MF	DF	13	橋内 優也
奥田 雄大	16	MF	MF	23	滝 裕太
高橋 尚紀	9	FW	FW	25	榎本 樹
後藤 卓磨	17	FW	FW	18	野澤 零温
岩岸 宗志	25	FW			

▶交代【松】村越(後28滝) 渡邉(後40村越) 藤谷(後40野澤) 山本(後46榎本)【讃】冨永(後22岩岸) 下川(後22高橋尚) 川西(後37後藤) 宗近(後37小松) 臼井(後46奥田)
▶警告【讃】高橋拓

7位　第36節 11/18 サンプロアルウィン
▶6,684人　▶曇

松本山雅FC 0-2 Y.S.C.C.横浜

	松本	横浜	
前	0	1	
後	0	1	
SH	11	9	
GK	12	14	
CK	1	4	
FK	8	12	

ビクトル	21	GK	GK	16	児玉 潤
藤谷 壮	48	DF	DF	48	冨士田康人
野々村鷹人	44	DF	DF	27	二階堂正哉
常田 克人	43	DF	DF	3	藤原 拓海
山本 龍平	41	MF	MF	46	古賀俊太郎
安永 玲央	16	MF	MF	30	小島 秀仁
米原 秀亮	32	MF	MF	24	中里 崇宏
村越 凱光	29	FW	FW	32	松村 航希
山口 一真	6	MF	FW	47	佐藤 大樹
小松 蓮	19	FW	FW	49	ロリスティネッリ
滝 裕太	23	FW	FW	9	萱沼 優聖

交代要員
橋内 優也	13	DF	DF	15	大嶋 春樹
住田 将	36	MF	MF	10	山本凌太郎
野澤 零温	18	FW	MF	14	脇坂 岐平
榎本 樹	25	FW	FW	55	カルロス アローヨ
渡邉 千真	49	FW			

▶得点【Y】佐藤(前37)大嶋(後22)
▶交代【松】滝(後11渡邉) 村越(後11野澤) 藤谷(後26橋内) 安永(後26住田)【Y】ティネッリ(後16脇坂) 冨士田(後16大嶋) 中里(後48山本) 萱沼(後48アローヨ)
▶警告【松】安永、野々村【Y】中里

感動を、このピッチから。
私たちは、信州のフットボールを応援しています。

TOY BOX

1 - 1
PK
4 - 5
松本山雅　長野

5/7　サンプロアルウィン

後半23分、同点ゴールを決める野々村（右から2人目）

主力で挑むも
ミスに泣く

　2年連続となった松本山雅とAC長野の決勝カードは、1-1からのPK戦を5-4で落とし、2年連続の優勝はならなかった。AC長野に負けたのは北信越リーグ1部で戦った2008年以来。

　両チームともJ3リーグ戦から中3日で臨み、AC長野は今季初先発のメンバーも起用し、松本山雅は主力中心の布陣。前半はAC長野が堅守速攻でゴールを脅かし、松本山雅はロングボールで守備ラインの背後を狙ったが、互いに得点がないまま0-0で折り返した。

　後半20分、AC長野は左サイドの杉井からの折り返しを近藤が左足で決めて先制。3分後、松本山雅は右CKから野々村が頭で押し込んで同点とした。

　延長戦でも互いにチャンスを生かせず、PK戦に突入。松本山雅は2人目の田中がGK金珉浩に止められ、AC長野は5人全員が決めた。

霜田監督「ダービーなので勝敗が全て。負けたことは真摯（しんし）に反省しなければいけない。イージーなミスが多く、相手陣に入ったところで（ボールを）取られてしまった。負けたけれど、いろんなことが収穫になった。これを次のリーグ戦（13日のAC長野戦）につなげていきたい。下を向いたまま戦うことには絶対にならない」

PKを止められて肩を落とす田中（右）。左はGKビクトル

木下製印社（松本市）、J2昇格を願うお札を無料配布【1月】

2022年12月

5日 元日本サッカー協会技術委員長・霜田正浩氏の監督就任を正式発表
神奈川大・FW新井直登の加入内定

6日 現役引退の田中隼磨、神田文之社長ら、信濃毎日新聞松本本社訪問。

8日 田中隼磨、松本市で引退会見。背番号「3」欠番にせず
田中隼磨、信濃毎日新聞長野本社訪問、小坂壮太郎社長らに引退あいさつ①

13日 田中隼磨、信濃毎日新聞社訪問、小坂壮太郎社長あいさつ

15日 霜田正浩・新監督が就任会見。「上を目指し続けることを目標にしたい」③

14日 MF村越凱光の復帰発表

16日 セイコーエプソン、スポンサー契約の継続発表
ユニホームデザイン発表。コンセプトは「TEMARI（手まり）」

18日 MF喜山康平、完全移籍で加入。J2岡山から7年ぶり復帰

19日 J3北九州・DF藤谷壮が完全移籍加入

21日 早川知伸コーチ就任。横浜FCの監督、コーチを歴任

23日 FW鈴木国友、J2群馬から復帰
デリシア（松本市）、NPO法人松本山雅SCに25万円寄贈

26日 国保塁フィジカルコーチ就任。J1清水で同職

27日 坪井健太郎、武石康平両コーチ就任

28日 吉本哲郎GKコーチ就任。AC長野で同職

30日 J1清水・MF滝裕太、育成型期限付き移籍加入

2023年1月

4日 仕事始め。神田社長「笑顔で終われるシーズンに」

6日 契約満了の元日本代表DF安田理大、現役引退
元日本代表FW渡邊千真、ブラジル出身FWルーカスヒアンが完全移籍加入

7日 新加入11選手、新任コーチ5人が記者会見で決意表明④

8日 アルピコ交通、「松本山雅たるま」販売開始⑤

9日 新体制発表会。スローガン「OneSoul 積小為大」⑤
松本山雅サッカー場で必勝祈願
深志神社で必勝祈願

10日 FW田中想来、出身地宮田村で意気込み。育成組織からトップチーム昇格

20日 和歌山県串本町で1次キャンプ開始（13日間）。全43選手参加。育成組織から

22日 主将に安東輝、副主将に宮部大己と菊井悠介が指名

27日 和歌山県串本町で1次キャンプ開始（13日間）。霜田監督が指名

28日 ボランティア組織チームパモス、新規募集で説明会

29日 キャンプ地・串本で今季初の練習試合（アルテリーヴォ和歌山、桃山学院大）

30日 三島俊孝氏、トップチーム強化本部サブダイレクター就任

2月

1日 田中隼磨、エグゼクティブアドバイザー（EA）就任

2日 田中隼磨EAら、松本市山辺中でサッカー部員指導

4日 J1神戸とプレシーズンマッチ（神戸市）、0-2で負け

8日 鹿児島で2次キャンプスタート（18日間）
ウルトラス松本、新加入選手らの応援横断幕作り⑥

12日 鹿児島で韓国Kリーグ1部FCソウルと練習試合⑦

16日 1勝1敗
英会話学校運営エー・トゥー・ゼット（松本市）、スポンサー契約

24日 ウルトラスマツモト、新加入選手らのチャントの作成と録音⑦

26日

夏の山雅ホーム2戦の開催を知らせる旗、松本駅前に【6月】

3月

1日 松本市清水中3年生、ブラインドサッカー体験。田中隼磨EAら指導①
5日 主将MF安東輝、右大腿二頭筋損傷で全治約8週間
10日 信州ビバレッジと共に中信の特別支援学校5校と障害者就労施設14カ所に乳酸菌飲料など約6千本寄贈
22日 U-12の35人、英会話のセミナーを受講
23日 FW渡辺千真、左大腿二頭筋損傷で全治約6週間
26日 喫茶山雅、ホーム戦でMF喜山康平プロデュースの新メニュー「魯肉飯」を提供②
30日 新型コロナで約3年間中止だった練習後ファンサービス再開。記念撮影やサイン
31日 女子チーム「山雅FCレディース」設立初練習③

4月

11日 塩尻市小坂田公園内の新クラブハウス完成④
26日 運営会社第13期株主総会。純損失1億1300万円余、広告料収入減で初の赤字
30日 DF浜崎拓磨の契約解除（21日付）。長期離脱で双方合意

5月

7日 喫茶山雅、県選手権決勝の信州ダービーをイメージした「決戦」弁当販売
11日 Jリーグ理事会、麻績村のホームタウン追加を承認。
12日 ホームタウン朝日村のあさひ保育園でサッカー教室
13日 喫茶山雅、公式戦信州ダービーのライブ配信日に「山雅蕎麦 総緑戦」販売⑤
16日 FW小松蓮がJリーグの4月「KONAMI月間ベストゴール」に初受賞
21日 松本市、ボール230個を寄贈した運営会社に感謝状
塩尻市小坂田公園の新練習拠点サンコーグリーンフィールド、完成記念で練習試合⑥
U-18の9人、サンプロアルウィン近くで田植え体験⑦
31日 ホームタウン高森町の下市田保育園でサッカー教室⑧

6月

1日 キリンビバレッジ東日本統括本部、信州ビバレッジがサプライヤー契約。スポーツ飲料など計1万本寄贈
5日 ホームタウン箕輪町・上古田グラウンドにゴール1組を設置。U-15と伊那のほか地域住民も活用へ
6日 運営会社と安曇野市による「虹の村診療所」があやみどり種まきイベント
8日 山雅SC南信、伊那市・緑ケ丘敬愛幼稚園でサッカー教室
13日 タッチパネル製造・販売のナイスモバイル（松本市）、86インチ電子黒板を寄贈
14日 神田社長、飯田短大で簿記の出前授業。運営会社の決算書を題材に
19日 ホームタウン生坂村の生坂保育園年長6人、FW田中想来とあやみどり種まき⑨
育成組織所属の中学生と保護者対象の栄養セミナー。FW田中隼磨EAの「絆」プロジェクト
20日 松本市会中で田中隼磨EAの「夢へ努力を」初回。マルエー（箕輪町）企画
24日 喫茶山雅飯田店1周年記念、田中隼磨EAとの交流会や盛岡戦PV

7月
1日 サンプロアルウィンで共に山雅ファンの新郎新婦が人前結婚式①
2日 アルピコ交通上高地線、応援メッセージ掲げた山雅電車の運行開始②
6日 MF村越凱光、乱暴な行為で一発退場、出場停止2試合
12日 脱炭素先行地域事業、生坂村、運営会社など5社共同のエネ会社「いくさかてらす」設立。
14日 麻績村でホームタウン調印式③
16日 期間限定のグッズショップ、伊那市に開店（〜8月17日）サンプロアルウィンにセンサリールーム開設。音や強い光、人混みが苦手な人向けの観戦部屋④
17日 J2水戸・MF安永玲央、期限付き移籍加入
19日 MF村越凱光、右足関節内側靱帯損傷、全治約5週間
25日 松本ハイランド農協、特産のスイカ20玉を寄贈。少年サッカー行事向け
30日 山雅フィジカルチャレンジ。園児や小学生らが体力測定

8月
4日 伊那労基署、箕輪町で転倒労災の防止を「ガンズくん」らと呼び掛け
9日 サンプロアルウィンに掲出の横断幕に落書き発見。松本署に被害届
12日 FC東京・FW野澤零温、育成型期限付き移籍加入
14日 MFパウリーニョ 練習中に右大腿二頭筋損傷、全治約6週間
16日 MF山口一真、J2町田のレンタル契約を解除して復帰
18日 MF篠原弘次郎、関東リーグ1部VONDS市原に完全移籍
21日 DF二ノ宮慈洋、九州リーグ・ヴェロスクロノス都農に育成型期限付き移籍
25日
27日 ファン感謝デー。約1500人が選手と写真撮影などで交流⑤

9月
4日 サンプロアルウィン近くの松本山雅田で稲刈り
U-18の40選手、秋の全国交通安全運動で松本警察署で一日署長
田中隼磨EA、アルウィン命名権、サンプロ（塩尻市）との契約を5年先まで更新
6日 日本パラ委員会、杭州アジアパラ日本代表にブラインドフットボール平林太一（山雅B・F・C）選出
17日 喫茶山雅でママサポ企画。FW小松蓮と子育ての大変さや喜びを語り合う
21日 信州ダービーで喫茶山雅がオリジナル弁当を限定販売
29日 信州ダービーの特設サイト開設

10月
1日 女子中学生選手や保護者対象に生理の講座。監督も交え疑似体験も
3日 日本EA、秋の全国交通安全運動でオンライン低用量ビル処方可能に
15日
24日 Jリーグ、田中隼磨EAら長年活躍した12人に功労選手賞。570試合出場、2度の山雅J1昇格に貢献

11月
3日 Jリーグ「秋春制」移行検討で運営会社とサポーターが意見交換会。賛否決めていない山雅側に対し、参加者は選手やクラブへの影響を心配する声
9日 MF菊井悠介が右肩関節脱臼で全治4週間の診断。北九州戦で強打し途中交代
12日 田中隼磨EAのJリーグ功労選手賞を記念、喫茶山雅飯田店でサポーターと交流会⑦
19日 下諏訪町で小学1〜2年生対象の5人制ミニサッカー大会。元選手らが審判⑧
24日 YS横浜とのホーム試合後にピッチにペットボトルを投げ入れ、注意した観客に暴力行為を働いたサポーター1人をホーム戦8試合の入場禁止処分

J3松本山雅2023全記録

2023年12月7日 初版発行

編　者　信濃毎日新聞社
発　行　信濃毎日新聞社
　　　　〒380-8546　長野市南県町657番地
　　　　メディア局出版部　　　026-236-3377
　　　　地域スポーツ推進部　　026-236-3385
　　　　松本本社営業部　　　　0263-32-2860
印　刷　大日本法令印刷株式会社

ISBN978-4-7840-7428-0 C0075

取　材　信濃毎日新聞社編集局
協　力　株式会社松本山雅／松本山雅フットボールクラブ
デザイン　酒井隆志／髙﨑伸也
編　集　信濃毎日新聞社メディア局出版部
写真提供　Jリーグ

本書は信濃毎日新聞本紙に掲載された記事・写真を基に再構成しました。記事中の日時や時期、人物の肩書きや年齢、事実等は、原則として各試合や新聞掲載当時のものです。